生计资本、多维相对贫困
对农户主观贫困的
影响与机制研究

—— 刘姣姣　著 ——

中国财经出版传媒集团

经济科学出版社
Economic Science Press
·北京·

图书在版编目（CIP）数据

生计资本、多维相对贫困对农户主观贫困的影响与机制研究/刘姣姣著．--北京：经济科学出版社，2024.5

ISBN 978－7－5218－5667－5

Ⅰ.①生…　Ⅱ.①刘…　Ⅲ.①农村－贫困问题－研究－中国　Ⅳ.①F323.8

中国国家版本馆 CIP 数据核字（2024）第 053096 号

责任编辑：顾瑞兰
责任校对：郑淑艳
责任印制：邱　天

生计资本、多维相对贫困对农户主观贫困的影响与机制研究
SHENGJI ZIBEN，DUOWEI XIANGDUI PINKUN DUI NONGHU ZHUGUAN
PINKUN DE YINGXIANG YU JIZHI YANJIU
刘姣姣　著
经济科学出版社出版、发行　新华书店经销
社址：北京市海淀区阜成路甲 28 号　邮编：100142
总编部电话：010-88191217　发行部电话：010-88191522
网址：www.esp.com.cn
电子邮箱：esp@esp.com.cn
天猫网店：经济科学出版社旗舰店
网址：http://jjkxcbs.tmall.com
固安华明印业有限公司印装
880×1230　32 开　9.125 印张　220000 字
2024 年 5 月第 1 版　2024 年 5 月第 1 次印刷
ISBN 978－7－5218－5667－5　定价：57.00 元
（图书出现印装问题，本社负责调换。电话：010-88191545）
（版权所有　侵权必究　打击盗版　举报热线：010-88191661
QQ：2242791300　营销中心电话：010-88191537
电子邮箱：dbts@esp.com.cn）

本书得到国家自然科学基金项目，项目编号：72373111；湖北省社科基金一般项目（后期资助项目），项目编号：2021011；湖北省社科基金一般项目（后期资助项目），项目编号：HBSKJJ20233289；湖北省教育厅哲学社会科学研究项目，项目编号：21Q090；湖北省教育厅哲学社会科学研究项目青年项目，项目编号：23Q113；武汉工程大学人文社科基金项目"乡村振兴背景下中国三农重大现实问题与对策研究"，项目编号：R202102；武汉工程大学科学基金项目，项目编号：K202237；黄冈师范学院 2024 年度智库建设课题重点课题，项目编号：202409004 的资助，在此表示感谢。

前　言

　　贫困作为一个世界性的问题，一直是社会和学者关注的焦点。2020年我国的绝对贫困问题已经得到基本解决，但贫困并不是一个短期性问题，而是一个长期性问题，需要我们的持续关注。2020年之后，相对贫困将成为反贫困工作的重心。相对贫困也具有多维性，并且从多维的角度考虑相对贫困问题，有助于我们全面了解相对贫困人口具体在哪些方面是相对缺乏的，从而制定相应的反贫困策略，实现相对贫困人口的全面发展。在此基础上，学者提出了多维相对贫困的概念。但是，目前对于多维相对贫困的测度和研究仍然较为缺乏，对于农户多维相对贫困状态的了解也略显不足。

　　此外，随着人们生活质量的总体提升，不少国家也越来越关注国民的主观福利。我国2018年、2020年和2021年的中央一号文件也均提出，"不断提升农民的获得感、幸福感、安全感"的要求，体现了对农民主观感受的重视，并且检验反贫困政策是否成功的一个最终环节也离不开贫困个体本身的主观评判。因此，主观贫困研究也应引起我们的关注与重视，这对于实现我们的最终目标具有重要的指导意义。与客观的多维相对贫困不同，主观贫困主要是指个体对自身是否处于贫困状态的一种主观评价。客观上贫困的人，主观上并不一定感觉贫困，而主观上贫困的人，也不一定是客观贫困的，两者之间的关系及其复杂的影响机制值得探讨。

对于贫困的治理，有学者指出，激发贫困人口的内生动力、提高贫困人口的生存能力，才是解决贫困问题的长效之计。基于以上讨论，我们尝试提出以下问题：第一，我国农户的多维相对贫困状态和主观贫困状态如何？第二，多维相对贫困状态是否会对农户的主观贫困感受产生影响？其影响机制是什么？第三，如何改善农户的主观贫困状况，农户生计能力的提高对于降低农户的主观贫困状态是否也具有显著的积极作用？

为了回答上述问题，本书基于以往文献和 2010～2018 年的中国家庭追踪调查数据库（CFPS），实证分析农户多维相对贫困和主观贫困之间的关系，并检验心理健康在多维相对贫困和农户主观贫困之间的桥梁作用，最后从生计资本的角度考察了完善农户主观贫困的长效机制。具体而言：第一，考察 2010～2018 年农户多维相对贫困和主观贫困状态的特征及发展趋势。通过梳理相关文献，构建多维相对贫困和主观贫困的衡量指标体系，并基于 CFPS 数据库和"A-F"测度方法，识别农户的多维相对贫困和主观贫困情况，同时考察其发展趋势和不同贫困群体的基本特征差异。第二，检验多维相对贫困静态特征对农户主观贫困的影响。在控制个人和家庭基本特征的基础上，基于 2010 ~ 2018 年的 CFPS 截面数据和整理的面板数据，综合利用二值选择模型和面板二值选择模型，实证分析多维相对贫困对农户主观贫困的影响。第三，检验多维相对贫困的动态特征对农户主观贫困的影响。借鉴现有相关文献，利用多维相对贫困的持续时间、多维相对贫困的转移以及多维贫困脆弱性三个指标表示农户的多维相对贫困动态特征。基于 "A-F" 方法和接受者操作特性曲线（ROC曲线）技术识别农户多维贫困脆弱性，并综合利用二值选择模型和面板二值选择模型，实证分析多维相对贫困动态特征对农户主观贫困的影响。第四，探讨多维相对贫困对农户主观贫困的影响机制。基于 CFPS 数据库，运用因果中介效应分析方法，在控制互为因果内生性的基础上，实证检验心理健康在多维相对贫困对农户主观贫困影响中的中介效应，以及中介效应的占比。第五，检验生计资本的减贫效应，构建缓解农户主观贫困的长效机制。基于熵值法测度农户的生计资本水平，并综合利用二值选择模型和面板二值选择模型，实证检验生计资本对农户主观贫困的影响。

基于以上研究内容，主要得出以下结论。

第一，不同衡量标准下，农户主观贫困发生率不同，但整体上均呈现出下降趋势。在主观幸福感、生活满意度和收入评价三个衡量标准中，收入评价标准衡量的主观贫困发生率最高，在

9.99% 及以上；生活满意度标准次之；幸福感标准衡量的主观贫困发生率最低，在 10% 以下。主观贫困农户和主观不贫困农户特征有明显差异，如主观贫困群体一般收入较低、家庭规模较小，而年龄与农户主观贫困之间则呈现出一定的非线性关系（倒"U"型）。

第二，我国农户的多维相对贫困程度总体呈下降趋势，但仍有改善空间。2018 年还有 18.83% 的农户处于多维相对贫困状态。其中，成人教育和健康剥夺、家庭做饭用水剥夺、家庭做饭燃料剥夺、家庭资产剥夺是农户多维相对贫困的主要表现，被剥夺比例均在 30% 以上；儿童辍学和家庭用电方面的被剥夺比例最低，均在 5% 以下，且多在 2% 以下。

第三，农户的多维相对贫困状态仍以短期为主，持续时间较短。从农户多维相对贫困的转移情况来看，脱贫农户占比在 2016 年之前一直保持上升趋势，并且 2012 年之后，农户脱贫的比例均高于农户返贫的比例。农户多维贫困脆弱人口比率也呈下降趋势，但 2018 年约 26% 的农户仍处于多维贫困脆弱状态。其中，西部地区多维贫困脆弱人口比率最高，其次为东部地区，中部地区多维贫困脆弱人口比率最低。

第四，多维相对贫困静态特征和动态特征均会对农户主观贫困产生显著影响。处于多维相对贫困状态的农户，其主观贫困的概率更大。研究显示，多维相对贫困群体处于主观贫困状态的概率比是多维不贫困群体的 1.7 倍左右。不同多维相对贫困指标剥夺对农户主观贫困的影响存在差异。其中，成人健康剥夺、家庭资产剥夺和住房剥夺可以显著增强农户的主观贫困感受。多维相对贫困的动态特征方面，农户多维相对贫困经历时间越长，其主观贫困的概率也越高。相对脱贫农户，返贫农户的主观贫困概率相对更高。相对于多维贫困不脆弱农户，多维贫困脆弱农户的主观贫困概率更高，幸福感标准、满意度标准和收入评价标准衡量的农户主观贫困概率比将分别提高30%、9%和15%左右。

第五，多维相对贫困不仅会直接影响农户的主观贫困，还会通过影响农户的心理健康间接影响农户的主观贫困。中介模型结果显示，相对于多维不贫困（脆弱）农户，多维相对贫困（脆弱）农户的心理健康水平较低。结果模型显示，心理健康水平越高，农户主观贫困的概率越低。心理健康水平每增加一个单位，满意度标准衡量的主观贫困概率比将降低约9%，而收入评价标准衡量的农户主观贫困概率比将降低约3%。因果中介效应分析表明，多维相对贫困对满意度标准和收入评价标准衡量的主观贫困的影响分别有26.58%、10.14%来自心理健康的中介作用。多维贫困脆弱也会通过影响农户的心理健康间接影响农户的主观贫困感受。多维贫困脆弱对满意度标准和收入评价标准衡量的主观贫困的影响分别有52.09%、24.18%来自心理健康的中介作用（2012年）。

第六，我国农户的生计能力较低，但一直处于不断提升的状态。生计资本的减贫作用显著，对于降低农户的主观贫困感受有一定的积极作用。其中，自然资本和物资资本对农户主观贫困的作用不稳定，而人力资本和社会资本对农户主观贫困的作用较为稳定。自然资本越多，农业收入越多，但面临的风险也越大。物资资本越多，说明农户的生活水平越高，主观贫困概率越低。金融资本中，亲朋借款（即向亲朋好友借款）显著增强了农户的主观贫困感受。

基于研究结论，本书提出以下建议：第一，建立多维相对贫困指标体系，并基于多维相对贫困概念全面改善农户的客观福利；第二，从生计资本的角度构建缓解农户主观贫困的长效机制，提高农户的生计资本水平，改善农户的主观贫困状态；第三，关注农户的心理健康，为农户提供更可靠的心理健康指导，从心理的角度改善农户的主观贫困感受。

与以往研究相比，本书可能的创新与贡献之处在于：（1）本书在多维贫困和相对贫困测度方法的基础上，测度了农户的多维相对贫困特征，有机结合了以往对于相对贫困和多维贫困的单独研究，填补了多维相对贫困的研究空白。同时，本书还考察了农户连续多年的多维相对贫困状态的变动以及农户未来陷入多维相对贫困的可能性，从多个角度全面了解了农户的多维相对贫困特征，也弥补了以往由于追踪数据难以获得而对贫困动态特征分析较少的不足。（2）本书优化了贫困脆弱性的测度，构建了包括教育、健康和生活水平等多个维度的农户多维贫困脆弱测度指标体系，全面反映了农户陷入多维贫困的风险，弥补了以往仅仅基于预测的收入或消费等单一指标来衡量贫困脆弱性的不足。同时，本书利用 ROC 曲线客观选择脆弱识别阈值，也避免了以往主观选择造成的偏差，尽可能地提高了农户多维贫困脆弱识别的准确性。（3）本书从心理健康的角度，构建了多维相对贫困对农户主观贫困的影响机制，并利用因果中介效应分析方法对其进行了实证分析，丰富了主观贫困理论。

目　录

第1章 引　　言

1.1　研究背景与意义

1.1.1　研究背景

1.1.1.1　我国农村绝对贫困问题已经基本解决

贫困作为重要的社会问题，一直受到各国各界的广泛关注。新中国成立以来，我国也展开了一系列的扶贫开发工作，经历了改革开放以前的救济式扶贫阶段（1949～1977年）、改革开放以后的发展式扶贫阶段（1978～1985年）、开发式扶贫阶段（1984～2000年）、综合式扶贫治理阶段（2001～2011年）和脱贫攻坚阶段（2012～2020年）（许汉泽，2019）。在扶贫的各个阶段，我国也出台了一系列扶贫开发的重要文件，如1994年发布的《国家八七扶贫攻坚计划》以及2001年和2011年发布的《中国农村扶贫开发纲要》等，在这些重要政策文件的指导下，我国的扶贫工作取得了显著效果。

在《国家八七扶贫攻坚计划》这一时期前后，我国主要解决的是贫困人口的温饱问题，即贫困人口的基本生存问题。相应地，对于贫困的衡量也主要依据能够满足家庭/个体基本温饱问题的收入或消费，是一种绝对贫困的概念。不同国家有不同的贫困标准，并且随着经济的发展而有所变化。1990年，世界银行根据1985年购买力平价汇率（purchasing power parity exchange rates，PPPs），规定贫困标准是每人每天生活费1美元，其后又经历了多次改变，如1.08美元（1993 PPPs）、1.25美元（2005 PPPs）、1.9美元（2011 PPPs）、2.15美元（2017 PPPs）。① 其中，每人每天生活费2.15美元的标准是世界银行目前所采用的贫困标准，是根据2017年购买力平价汇率计算所得，是低收入国家贫困线的中位数，也是所有国家贫困的绝对最低门槛。随着世界收入分配的变化，低收入国家所占比例不断下降，世界银行报告了2017年购买力平价中两个更高价值的贫困线作为补充，分别为每人每天3.65美元和6.85美元，分别对应中低收入和中高收入国家的典型贫困线。②

国内的贫困标准也随着居民收入的增长而有所调整，1978年贫困标准为每人每年100元，2008年贫困标准为每人每年1196元，2010年贫困标准为每人每年2300元。③ 对于各年的现

---

① 资料来源：世界银行，https：//blogs. worldbank. org/developmenttalk/international-poverty-line-has-just-been-raised-190-day-global-poverty-basically-unchanged-how-even。

② 资料来源：世界银行，https：//www. worldbank. org/en/topic/measuringpoverty#2。

③ 资料来源：国家统计局，https：//www. stats. gov. cn/zs/tjws/tjzb/202301/t2023 0101_1903716. html。

行贫困线，利用农村低收入居民消费指数进行换算。为了将国际贫困线进行对比，本书首先利用 2011 年的购买力平价指数（3.506）将国际贫困线换算成国内 2011 年的贫困线，再利用农村低收入居民消费指数换算成各年的现行贫困线。从表 1-1 中可以看出，我国 2010 年贫困标准高于国际的极端贫困标准 1.9 美元，而低于中低收入国家的贫困标准 3.2 美元。

表 1-1　　　　　不同贫困标准下各年现行贫困线　　　　单位：元

贫困标准	2010年	2011年	2012年	2013年	2014年	2015年	2016年	2017年	2018年	2019年	2020年
1.9 美元标准	2205	2431	2516	2623	2684	2737	2830	2830	2871	3085	3163
3.2 美元标准	3714	4095	4239	4418	4521	4610	4767	4767	4836	5196	5329
5.5 美元标准	6383	7038	7285	7593	7771	7923	8192	8192	8312	8931	9158
2010 年标准	2300	2536	2625	2736	2800	2855	2952	2952	2995	3218	3300

注：由于国内的最新标准是 2010 年标准，为了便于对比，本书采用世界银行以 2011 年购买力评价汇率计算的每人每天 1.9 美元的贫困标准，对应的补充贫困线分别为每人每天 3.2 美元和 5.5 美元，分别对应中低收入和中高收入国家的典型贫困线。

资料来源：国际标准来源于世界银行（World Bank）；国内标准来源于国家统计局。

　　无论在国际贫困标准下，还是在国内贫困标准下，我国的贫困问题都有显著改善，绝对贫困问题基本解决。在每人每天生活费 1.9 美元、3.2 美元和 5.5 美元三种国际贫困标准下，中国的贫困人口比率均呈现出不断且快速下降的趋势（见表 1-2）。其中，在1.9美元和3.2美元的贫困标准下，2002年及以前，中国的贫困人口比率均高于世界贫困人口比率，如1990年，中国的贫困人口比率分别为66.3%、47.1%，远高于世界贫困人口比率36.2%、26.9%；而在2002年之后（或2005年及以后），中国的贫困人口比率却显著低于世界贫困人口比率；2016年，中国贫困人口比率已经降为0.5%、1%，远低于世界贫困人口比率9.7%、8.9%。在5.5美元的贫困标准下，2010年中国的贫困人口比率也出现了转折，即2010年之后，中国的贫困人口比率开始低于世界贫困人口比率（53.5＜53.9）；2016年中国的贫困人口比率为24%，远低于世界贫困人口比率45%。

表1-2　　中国和世界贫困人口比率（国际贫困标准）　　单位:%

年份	1.9美元		3.2美元		5.5美元	
	世界	中国	世界	中国	世界	中国
1990	36.2	66.3	26.9	47.1	67.3	98.3
1993	34.3	56.7	25.9	41.5	68.3	96.3
1996	29.7	41.7	23.0	31.7	67.4	92.8
1999	28.9	40.3	22.4	30.5	67	88.9
2002	25.7	31.7	20.3	24.6	64.2	80.6
2005	20.9	18.5	17.0	15.5	60.5	70.5
2008	18.4	14.9	15.2	12.4	56.6	60.7
2010	16.0	11.2	13.5	9.7	53.9	53.5
2011	13.8	7.9	12.1	7.4	52.2	49.2
2012	12.9	6.5	11.4	6.2	50.7	44.4
2013	11.3	1.9	10.3	2.8	48.8	36.4
2014	10.7	1.4	9.8	2.1	47.4	31.5

续表

年份	1.9 美元		3.2 美元		5.5 美元	
	世界	中国	世界	中国	世界	中国
2015	10.1	0.7	9.3	1.4	46.2	27.2
2016	9.7	0.5	8.9	1.0	45.0	24.0

资料来源：世界银行（World Bank）。

　　在国内贫困标准下（不同时期不同标准），我国农村贫困人口比率也都在不断下降，如图1-1所示。在现行农村贫困标准下（2010年标准），2010年农村贫困人口约1.66亿人，占农村人口的比率约为17.2%，即还有17.2%的农村人口每人每年纯收入不到2300元。但2019年我国农村贫困人口比率已经降到0.6%，即仅有0.6%的农村人口每人每年纯收入不到3218元，绝大多数贫困人口已完成脱贫。

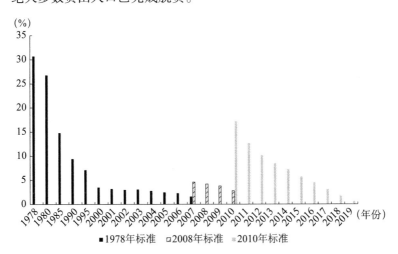

图1-1　中国农村贫困人口比率（国内贫困标准）

资料来源：《中国农村贫困监测报告2019》。

1.1.1.2 我国贫困标准面临转变——相对贫困

在以上绝对贫困标准下，我国农村的绝对贫困问题已经得到基本解决。但是，贫困并不是一个暂时的、短期的问题，而是一个长期性、持久性的问题（陆汉文和杨永伟，2020）。尤其对那些处于贫困边缘的农户，应对外界冲击的能力非常薄弱，在外界冲击下（如结婚、升学、疾病、自然灾害等），这些农户很有可能再次处于贫困状态。因此，农村居民客观存在的贫困问题不容忽视。2020 年消除绝对贫困之后，贫困人口的需求结构也在发生改变，由生存型需求结构向发展型需求结构转变（李小云和许汉泽，2018；张明皓和豆书龙，2020）。在反贫困时代，贫困的内涵及其衡量标准该如何选择，也是政府和学者关注的重要问题。孙久文和夏添（2019）指出，在解决好绝对贫困之后，我国的贫困问题将以相对贫困和多维贫困的形式存在。2020 年后的贫困标准应以相对贫困为方向，以多维贫困为核心（潘文轩和阎新奇，2020）。我国的反贫困战略也将发生新的转变，即由主要消除绝对贫困转向主要减缓相对贫困，从主要解决农户的温饱问题转向主要解决农户多方面的生活质量问题，由主要解决农村贫困问题转向统筹解决城乡贫困问题（施海波和吕开宇，2020）。

2020 年中央一号文件也指出，在绝对贫困得到基本解决后，减缓相对贫困将成为我国扶贫工作的新目标。相对贫困主要是指个人或家庭收入虽已满足基本的生存需要，但还无法满足当时、当地社会认可的其他方面的基本生活需求（邢成举和李小云，2019）。从相对贫困的概念可以看出，相对贫困包括但不限于个体的收入，还包括生活的其他方面，具有多维性（张传洲，2020）。党的十九大报告提出，在"学有所教、劳有所得、病有所医、老有所养、住有所居"等方面深入开展扶贫工作，均可以理解为是从收入、教育、医疗、住房等多个方面对相对贫困的具体阐述，而这些与多维贫困的概念相一致（施琳娜和文琦，2020）。

考虑到相对贫困也具有多维性，有些学者提出了多维相对贫困的概念。邢成举和李小云（2019）基于相对贫困的内涵及其成因，将相对贫困划分为 6 种类型，包括多维性、发展性、流动性和结构性贫困，以及转型贫困和特殊群体贫困。其中，多维相对贫困强调个体或家庭生活水平虽然已经有所提高，但在某些方面，如公共服务享受等，仍然处于相对缺乏的状态。王小林和冯贺霞（2020）认为，我国可以有自己的贫困标准，不一定要与国外的相对贫困等标准一致。作者在相对贫困和多维贫困概念的基础上，提出了多维相对贫困的概念框架，并指出仍然可以利用"A-F"方法衡量农户的多维相对贫困状态。檀学文（2020）认为，相对贫困是一个复合的概念，应建立一个多元的相对贫困标准体系，其中就包括多维贫困标准以及比例型相对贫困标准等。吕新博和赵伟（2019）也指出，从多维的角度考虑相对贫困问题，有利于实现贫困人口的全面发展。因此，本书也将从多维的角度考察农户的相对贫困问题，即农户的多维相对贫困问题。

随着经济的发展以及一系列扶贫工作的开展，农户的生活水平在某些方面已经显著改善，但仍有一定的发展空间。表1-3显示了我国农村贫困地区农户的收入、消费、住房及家庭设施、家庭耐用品、交通等情况。从表中可以看出，我国农村贫困地区居民的人均可支配收入和人均消费支出都有显著提高。2018年人均可支配收入已达10371元，而人均消费支出也高达8956元，远高于现行的贫困标准，这也是贫困标准需要改变的原因之一。

表1-3　　　　　我国农村贫困地区农户的生活状况

指标	2015 年	2016 年	2017 年	2018 年
人均可支配收入（元）	7653	8452	9377	10371
人均消费支出（元）	6656	7331	7998	8956
居住竹草土坯房的农户占比（％）	5.7	4.5	4.1	1.9
使用照明电的农户占比（％）	99.8	99.3	—	—
使用管道供水的农户占比（％）	61.5	67.4	70.1	79.8
使用经过净化处理自来水的农户占比（％）	36.4	40.8	43.7	56.4
独用厕所的农户占比（％）	93.6	94.2	94.5	95.9
炊用柴草的农户占比（％）	54.9	51.4	49.7	39.2
每百户汽车拥有量（辆）	8.3	11.1	13.1	19.9
每百户洗衣机拥有量（台）	75.6	80.7	83.5	86.9
每百户电冰箱拥有量（台）	67.9	75.3	78.9	87.1
每百户移动电话拥有量（部）	208.9	225.1	234.6	257.8
每百户计算机拥有量（台）	13.2	15.1	16.8	17.1

指标	2015 年	2016 年	2017 年	2018 年
通宽带的自然村占比（%）	56.3	79.8	87.4	94.4
主干道路面经过硬化处理的自然村占比（%）	73	96	97.6	98.3
通客运班车的自然村占比（%）	47.8	63.9	67.5	71.6
有卫生室的行政村占比（%）	95.2	91.4	92.2	93.2
有幼儿园或学前班的行政村占比（%）	56.7	79.7	84.7	87.1
有小学且就学便利的行政村占比（%）	63.6	84.9	88	89.8

资料来源：布瑞克数据库。

在住房和家庭设施方面，我国农村贫困地区家庭住房、用电和卫生设施已有较大完善。2018 年居住在竹草土坯房的农户比例下降至 1.9%，能够使用照明电的农户比例在 2016 年已经达到 99.3%，有独用厕所的农户比例在 2018 年也达到 95.9%。但是，我国农村贫困地区家庭在用水和做饭用燃方面还有待完善。其中，2018 年使用管道供水的农户占比为 79.8%，而使用经过净化处理自来水的农户占比仅有 56.4%，并且还有 39.2% 的农户仍然主要用柴草做饭。

在家庭耐用品方面，2018 年移动电话几乎成了家家户户都有的消费品，每家平均有 2 部移动电话，这也得益于农村宽带设施的完善，且 94.4% 的自然村都有通宽带；但其他耐用品的拥有量并不高，如家庭常用物品——洗衣机和电冰箱，还有 13% 左右的家庭没有洗衣机和电冰箱；而汽车和计算机的拥有量更少，仅有 19.9% 的农户拥有汽车，17.1% 的农户拥有计算机。

在交通方面，2018年我国农村贫困地区的道路建设有较大完善。其中，98.3%自然村的主干道路面都经过了硬化处理，但出行仍然不方便，只有71.6%的自然村有客运班车。我国农村贫困地区的卫生设施一直比较完善，90%以上的行政村都有卫生室，方便居民看病。教育设施也有较大完善，2015年仅有60%左右的行政村有幼儿园、学前班和就学便利的小学，但到2018年已有明显改善，有87%以上的行政村有了幼儿园、学前班和就学便利的小学。因此，从多维的角度考察我国农村新时期的贫困问题，对于全面改善农户的生活状况、建成小康社会具有重要的指导意义。

1.1.1.3　主观贫困也将成为衡量社会发展与进步的重要标准

无论是单维贫困还是多维贫困、绝对贫困还是相对贫困，均是依据客观指标来衡量的，均属于客观贫困（左停和杨雨鑫，2013），而以农户主观福利为核心的主观贫困也越来越多地受到各国学者的关注。当然，也有学者认为相对贫困同时具有客观性和主观性的特征。相对贫困的主观性主要是指相对贫困界定标准的主观性，包括相对贫困的内涵及其参照体系的选择均有一定的主观性（郭之天和陆汉文，2020；陆汉文和杨永伟，2020）。也有学者认为相对贫困的主观性表现为个人在比较自身与他人，即参照群体生存状态之后的一种主观感受，这种主观感受会因为参照群体的不同而发生变化（高强和孔祥智，2020；邢成举和李小云，2019）。但这种主观性仅是他人比较个体所得（即现有的生存状态）之后的判断，只体现了个体获得方面的差异，而没有体现个体需求方面的差异。个体的主观感受并不仅由获得或者需求单方面决定，而是由获得和需求共同决定。因此，仅依据个体之间获得的差异而判定个体的贫困状态，并不能真实地反映个体的主观贫困感受。另外，相对贫困概念中的这种主观性并非个体对自身所处生存状态的主观评定，而是他人对某一个体或某一群体生存状态的主观评定，这也不是真正意义上的主观贫困概念。因此，本书仍然将相对贫困界定为一种客观贫困，与本书的主观贫困相区别。

本书的主观贫困是个体基于自身需求和现有生存状态比较之后的一种主观上的贫困感受，是个体对自身生活质量的直接评价。这种主观性考虑了个体偏好的差异，强调个体的效用（杨国涛等，2012），体现了对个体权力的重视。因此，主观贫困是个体的一种"自我评定"，使作为普通人的公众对贫困的认定有一定的话语权，而非专家等他人的评判，即"他定"。此外，反贫困政策的作用对象最终都会落在公众个体身上，因此公众个体的主观评判也是检验反贫困工作是否成功的一个重要或者更高层次的标准（左停和杨雨鑫，2013）。主观贫困研究是客观贫困研究的有益补充，对于反贫困政策的修正具有重要的指导意义，如社会保障制度与公共服务的进一步完善等（刘波等，2017）。

随着人们生活质量的总体提升，不少国家越来越关注国民的主观福利。不丹首先提出国民幸福总值（GNH）的概念，反映国民生活质量和幸福程度。不丹还将其代替国内生产总值（GDP）作为政策目标，成为社会发展与进步的一个重要衡量标准（左停和杨雨鑫，2013；冯贺霞，2014）。我国2018年、2020年和2021年中央一号文件均提出"不断提升农民的获得感、幸福感、安全感"的要求，体现了对农民主观感受的重视。因此，主观贫困研究也应引起我们的关注与重视，这对最终目标的实现具有重要指导意义。

对于贫困的治理，很多学者指出贫困人口自身能力的提升才是持续解决贫困问题的关键（左停和李世雄，2020；高强和孔祥智，2020）。如高强和孔祥智（2020）认为，贫困人口自身能力的培养与提升是摆脱贫困或防止返贫的重要途径，即主要依赖贫困人口的内生动力。许多贫困人口在外界的支持下脱离了贫困，但却没有掌握脱离贫困的技能。如果贫困人口不能掌握脱离贫困的技能，他们未来也会持续需要外界的支持，增加了政府的压力。在政府的支持下而脱离贫困的人口，如果他们没有掌握创造财富的能力，一旦脱离了政府的支持，他们很可能再次陷入贫困（张琦和孔梅，2019）。因此，激发贫困人口的内生动力，提高他们的生存能力才是解决贫困的长久之计。

也有学者指出"扶贫先扶志"的心理扶贫策略。在扶贫过程中，有些贫困人口可以在没有任何付出的情况下得到政府或他人的帮扶，让这些人产生了懒惰心理，导致贫困人口的内生动力不足，长期维持着低收入水平。心理扶贫则有助于激发和引导贫困人口产生脱贫致富的愿望和情感，形成健康、积极、自主的心理意志，从而增强贫困人口脱贫致富的内生动力，这也是构建长效脱贫机制的关键举措（王含和程倩春，2019；傅安国等，2019）。也有研究表明，个体主观福利的变化很大一部分不是由客观的经济变量直接解释，而是由心理变量间接影响，如个性、愿望、对环境的适应和动机等。经济变量会影响居民的心理状况，而居民的心理状况会直接影响居民的主观感知，如抑郁会直接影响个人对幸福的主观感知（Lever et al.，2005）。韦格尔（Wagle，2007）也认为，心理状态极大地影响着客观指标在多大程度上衡量一个人的真正幸福。席梅尔（Schimmel，2009）则指出，相对于经济上的安全（金钱），心理上的安全对个人主观幸福感更为重要。以上均表明心理健康对居民的主观感知具有重要影响，在客观变量和主观变量之间可能存在一定的桥梁作用。

基于上述背景，本书试图考察我国农户的多维相对贫困和主观贫困状况及其之间的关系，并从心理健康的角度探索多维相对贫困对主观贫困的影响机制，最后检验生计资本的减贫效应，从生计资本的角度构建缓解主观贫困的长效机制。首先，通过梳理相关文献，构建生计资本、多维相对贫困和主观贫困指标体系，衡量农户的生计资本水平以及农户的多维相对贫困和主观贫困状态；其次，利用计量模型实证检验多维相对贫困对农户主观贫困的影响，以及心理健康在他们之间的中介作用；最后，检验生计资本的减贫效应，即生计资本对农户主观贫困的影响。在归纳总结研究结论的基础上，提出能够改善农户主观贫困状态的对策建议。

1.1.2 研究意义

本书研究了生计资本、多维相对贫困与农户主观贫困之间的关系，这对相关理论的提升和农户生活水平及主观福利的改善均具有重要意义。

第一，本书丰富了多维相对贫困和主观贫困理论。国内以往对于贫困问题的研究多集中于单维收入贫困，对于多维贫困的研究在2017年左右开始增多，而对于主观贫困的研究还比较缺乏。首先，在考察农户的多维贫困时，本书也考虑了贫困的相对性，测度了农户的多维相对贫困情况，补充和完善了农户多维相对贫困的理论研究。其次，在多维贫困研究方面，多从静态角度分析农户的多维贫困状态，而基于面板数据从动态角度分析农户多维贫困发展动态的研究还相对较少。本书从静态和动态两个角度分析了农户的多维相对贫困状态，进一步完善了多维相对贫困的理论研究。最后，本书对主观贫困的概念及其衡量方法的发展进行了国内外文献的梳理，对理解和掌握主观贫困理论具有重要的理论参考价值。

本书着重考察了多维相对贫困与农户主观贫困之间的关系，采用因果中介效应模型检验了多维相对贫困通过心理健康间接影响农户主观贫困的作用机制，为探索多维相对贫困与农户主观贫困之间的复杂影响机制提供了新的研究视角。进一步地，本书也考察了生计资本对农户主观贫困的影响，为缓解农户主观贫困问题提供了新的研究视角。

第二，有助于全面了解农户的相对缺乏状态和对贫困的主观感知，为我们的反贫困工作提供了有益参考，同时对于实现我们的最终目标也具有重要的指导意义。2020年之后，我国的扶贫重心将转向解决相对贫困问题。相对贫困具有相对性，在此概念上总有一些人口处于相对贫困的状态。因此，相对贫困将是一个长期性、持久性的问题，需要我们的持续关注。从多维的角度研究贫困人口的相对贫困状态，有助于全面了解贫困人口具体在哪些方面是相对缺乏的，从而制定相应的反贫困策略。但是我们的最终目标是要"不断提升农民的获得感、幸福感、安全感"，即要改善农民的主观感受，这是对我们反贫困工作成功与否的一个重要检视，也是衡量社会发展与进步的重要标准。本书对多维相对贫困和主观贫困的研究，不仅能够全面了解我国相对贫困人口的具体问题，也能为改善农户的主观贫困感受提供参考建议。

1.2 概念界定与研究对象

1.2.1 主要概念界定

1.2.1.1 生计资本

所谓生计，就是谋生的手段，包括一种生活手段所需的能力、资产（储存物、资源、所有权和使用权）和活动。可持续生计则是指面对外界的冲击和压力，以个人现有的资产和能力仍然能够维持其资产的积累和能力的提升，并为下一代提供可持续的生计机会（Chambers & Conway，1992）。与此相似，英国国际发展部（DFID）认为，在不破坏自然资源基础的情况下，面对外界的冲击和压力，仍然能够维持其资产的积累和能力的提升，就被认为是可持续的，并在此基础上提出了可持续生计分析框架。

人们需要一系列资产来实现积极的生计成果，任何单一类别的资产本身都不足以产生人们所寻求的各种各样的生计成果。那些拥有更多资产的人往往有更多的选择，并有能力在多种战略之间切换，以确保他们的生计。人们摆脱贫穷的能力在很大程度上取决于他们能否获得资产（DFID，1999）。生计资本则是可以利用和维持生计的一切资本的总和（涂丽，2018）。在可持续生计分析框架下，生计资本包括作为农户生存或生产基础的自然资本和物资资本，以及可以提高农户生产效率、帮助农户实现生计目标的人力资本、社会资本和金融资本，具体也会在下文理论部分进行详细阐述。本书也基于此可持续生计框架，分析了生计资本的减贫效应。

1.2.1.2 多维相对贫困

多维贫困的概念主要始于能力贫困的论述。森（Sen，1993）

从能力视角定义贫困，贫困表示被剥夺或无法实现某些最低或基本能力。其中，基本能力是指"满足某些至关重要功能的能力以达到某些最低限度的适当水平"。在此概念中，重点强调一个人在拥有机会的情况下能够或不能实现的功能性活动，如长寿、健康、营养良好，以及与社区其他人相处融洽等（Laderchi et al.，2003）。联合国开发计划署（UNDP，1997）从人类发展的角度定义贫困，认为人类的贫困不仅是收入的贫困，而是剥夺了过上可容忍生活的选择和机会，如健康、长寿，享受体面的生活水平，拥有自由、尊严和来自他人的尊重。从此定义来看，人类的贫困在性质上是多方面的，在内容上也是多样化的，不再仅局限于收入这一单个维度。世界银行将贫穷定义为在经济机会、教育、保健和营养以及缺乏权力和安全方面不可接受的对人类的剥夺。经济合作与发展组织也指出贫困的五个核心层面，即贫困体现在人类在经济（收入、体面工作）、人力（健康、教育）、政治（赋权、权利、声音）、社会文化（地位、尊严）和保护（不安全、风险、脆弱性）等方面能力的丧失（OECD，2001）。因此，贫困的含义被不断扩大，贫困的多维性被广泛接受。

关于多维相对贫困的概念，也有学者对其进行了详细的定义。邢成举和李小云（2019）认为，多维相对贫困主要是指个体或家庭生活水平虽然已经有所提高，但在某些方面，如公共服务享受等，仍然处于相对缺乏的状态。王小林和冯贺霞（2020）从"贫"和"困"两个角度构建多维相对贫困的概念框架，认为多维相对贫困主要是指个体或家庭在公共服务和经济福利方面的相对不足。基于上述讨论,本书认为,多维相对贫困主要是指在特定的社会经济背景下,个人或家庭不能获得社会认可的基本生存需要,以及在社会认可的其他方面处于相对缺乏的状态,如享有资产、社会地位、发展机会等。

1.2.1.3 多维贫困脆弱

脆弱性(vulnerability)目前并没有一个清晰的界定,不同的学科或不同的研究领域有不同的定义。一般将脆弱性视为一个系统,如一个家庭、地区或国家,会受到"冲击系统的特定扰动"的负面影响,或系统因扰动而发生负面变化的概率(Naudé et al. , 2009)。维基百科对脆弱性的定义,是指"(一个系统或一个单位)无法抵御敌对环境的影响"。城市研究将脆弱性定义为个人、家庭和社区在面对变化的环境时的不安全感和敏感性,即对这些负面变化所面临的风险的反应能力和应变能力。对于脆弱性虽然有不同的定义,但莫泽(Moser,1998)认为,任何定义都需要识别脆弱性的两个方面:敏感性(系统对外部事件的反应程度)和弹性(系统从压力中恢复的难易程度和迅速程度)。从以上定义也可以看出,脆弱性与一种不安全感有关,是一种人们必须警惕的潜在伤害感(Dercon,2005)。

在经济学中,脆弱通常与贫困有关,贫困脆弱性常常被定义为家庭陷入或继续处于贫困的风险。如世界银行(World Bank,

2001）指出，脆弱性是指人们在某一时期内陷入健康或收入贫困的风险。当然，这只是一个家庭或个人总体贫困的两个方面。也有学者指出，贫困脆弱性不是指一个家庭就某一贫困线而言的目前状况，而是指一个家庭在将来某一时期会陷入贫困的风险或可能性（Gallardo，2020；Gallardo，2018）。左孝凡（2020）将贫困脆弱性表示为在一定的资源禀赋下，个人或家庭在将来某一时间陷入贫困的风险及其应对能力。关于多维贫困脆弱性的定义则较少。卡尔沃（Calvo，2008）提出，多维贫困脆弱性定义与多维贫困的概念相关，是指在未来遭受任何形式贫困的威胁，就称之为"多维贫困脆弱"。与本书研究更为相似的定义是农户未来陷入多维贫困的可能性（杨龙等，2019），但作者仅提出了多维贫困脆弱的概念，对于其测度并没有进一步说明。基于上述讨论，本书认为，多维贫困脆弱是指个体或家庭在现有条件下，未来陷入多维贫困的风险及其应对能力，体现了个体或家庭未来在收入、教育、健康、医疗和生活水平等多方面被剥夺的风险。

1.2.1.4　主观贫困

以上关于贫困的概念都是基于客观指标衡量的，如可支配收入、基本的营养需要等，均属于客观贫困，忽视了因个体需求差异导致的主观感受上的差异化（田雅娟等，2019）。众所周知，任何基本需求的概念，包括营养需求，都有其内在的主观性和社会特殊性（Pradhan & Ravallion，2000）。客观上贫困的人并不一定感觉到贫困（即主观上贫困）。同样，主观上贫困的人，也不一定在客观上贫困。

主观贫困的概念最早来自主观贫困线的衡量（左停和杨雨鑫，2013），是一种个体主观心理上的感受，主要通过一些主观问题来衡量。格德哈特等（Goedhart et al.，1977）提出，最低收入法涉及的价值判断是个体本身最有资格判断自己的最低需求是什么。因此，作者根据个体本身回答需要的最低收入水平测算主观贫穷线。弗利克和范普拉格（Flik & Van Praag，1991）也以社会个别成员对贫困的看法为出发点，认为个人本身是自己处境的最佳判断者，并将由此产生的贫困门槛称为"主观贫困线"。学界对于主观贫困并没有一个确切的定义，学者对主观贫困的定义或广义或狭义，但都在强调个体对自身处境的主观感受或评价。

有学者指出，主观贫困可以看成是多维贫困的结果，是个体根据其在收入、教育、医疗、养老、未来收入预期等方面的整体状况，而对自身是否处于贫困状态的主观评价（Koczan，2016）。类似地，田雅娟等（2019）认为，主观贫困是个体对自身是否贫困的一种自我评定，是基于个体自身的实际心理感受对其生活状态所做的一个综合评判。马哈茂德等（Mahmood et al.，2019）则提出了一种比较狭义的定义，认为主观贫困是个人或家庭对其在生活中经济地位的看法。范普拉格和费雷里 - 卡沃内利（Van Praag & Ferrer-i-Carbonell，2008）认为，主观贫困是一个多维的概念，可以被解释为"缺乏幸福"，其中幸福可以被"福利""效用"或者"对整个生活的满意度"来代替，如健康、收入、工作、环境等生活领域的满意度，低于一定程度的满意度或幸福即为主观贫困。综上所述，学者对于主观贫困的定义虽然并不一致，但从以上定义可以看出，主观贫困都在强调个人或家庭对自身所处状态（某一方面或多方面）的一种心理上、主观上的感受或评价。基于此，本书认为，主观贫困主要是指在当前社会经济背景下，个体在权衡自身在收入、教育、社会地位等多方面的需求和现有生活状态之后，对自身是否处于贫困状态的一种主观评价。

从以上概念可以看出，主观贫困与多维相对贫困是有显著差别的。首先，多维相对贫困是一种客观贫困，根据农户个体或家庭的一些客观条件测度。而主观贫困则是农户感知到的贫困，根据农户的主观评价测度。其次，对于多维相对贫困，在政府或专家的界定标准下，认为他是多维相对贫困的，那么他就是多维相对贫困群体，是一种"他定"型的贫困。而主观贫困则是个体根据自己的标准，对自身生活状态的一种自我评价，是一种"自我评定"型的贫困。

1.2.2　研究对象

对于"农民"的界定是多样的。张义（1994）认为，农民应该具备三个特征：其一是从事农业生产活动；其二是生活在农村；其三是有农业户口。其中，从事农业生产是农民最本质的特点，包括农、林、牧渔业等。如果一个人不从事农业生产，那么我们就不能说他是一个农民。高建民（2008）对农民的定义与之极为相似，但不同在于，他强调的是农业户口的重要性，失去了农业户口就失去了土地的占有权与使用权，失去了农民赖以生活的基础。基于样本代表性考虑，本书选择具有农业户口的个体及其家庭作为研究对象，因为 CFPS 数据库中的农业—非农业户口分布与普查数据非常接近，而其他如城镇—乡村分布，居委会—村委会分布与普查数据则存在显著差异。考虑到 CFPS 数据库的特点，最终选择 16 岁及以上具有农业户口的个体作为本书的研究对象。

对于家庭的界定也是多样的。黄友林（1983）认为，家庭的本质是人口生产关系。柴效武（1984）有不同意见，认为家庭的本质并非人口生产关系，而是经济关系，后者是前者的基础，因此，他将家庭定义为在一定经济基础上，由血缘和婚姻联结起来的社会组织。龙耀乾（1984）指出了一个现实问题，即有血缘关系的人可能并不在一起，而没有血缘关系的人也不一定不会在一起。因此，单纯以人口生产关系和单纯以经济关系都较难说明家庭的实质。本书基于"钱米分父子"这一俗语，提出家庭的本质在于维护家庭财产及其经济的私有。各家庭之间往往对经济财产表现出一种"内公外私"的关系。在家庭内部成员之间是公有，而在家庭外部之间则表现为私有。本书沿用 CFPS

数据库对家庭的定义，即主要指通过经济联系在一起的成员，包括直系亲属，也包括有婚姻或领养关系的非直系亲属等。因此，在家庭特征的衡量上，主要基于以上对家庭的定义，如家庭规模的计算，主要是指经济上是一家人的人口规模。

1.3　研究目标与主要研究内容

1.3.1　研究目标

本书拟将生计资本、多维相对贫困与农户主观贫困的研究相结合，在生计资本理论、压力过程理论、社会比较理论、适应性理论的基础上，构建生计资本、多维相对贫困对农户主观贫困影响的理论分析框架。研究的总目标是从理论和实证角度分析多维相对贫困对农户主观贫困的影响及影响机制，并从生计资本的角度构建缓解农户主观贫困的长效机制，以期为降低农户的主观贫困提供有益的参考建议。具体目标包括以下4个方面。

目标1：农户主观贫困的测度，了解我国农户主观贫困概况。借鉴以往文献中主观贫困的概念和测度方法，并结合现有数据，选择多种主观贫困测度方法，全面了解农户的主观贫困状态。

目标2：在截面数据和面板数据的基础上，构建多维相对贫困指标体系；识别农户的多维相对贫困静态特征，以及农户的多维相对贫困动态特征；实证分析多维相对贫困静态特征及动态特征对农户主观贫困的影响效应。

目标 3：从理论和实证方面考察多维相对贫困对农户主观贫困的影响机制。在影响机制上，主要验证心理健康在多维相对贫困影响农户主观贫困中的中介效应。

目标 4：构建生计资本指标体系，测度并考察农户的生计资本特征及其发展趋势；实证分析生计资本对农户主观贫困的影响，构建缓解农户主观贫困的长效机制。

1.3.2 研究内容

研究内容一：农户主观贫困测度与分析。通过梳理相关文献发现，对于主观贫困的衡量有多种方法，考虑到相关数据的可得性，本书主要采取三种标准衡量个体的主观贫困情况：一是幸福感标准；二是满意度标准；三是收入评价标准。在此基础上，分析我国农户主观贫困的现状，同时探讨拥有不同个体基本特征（如性别、年龄、收入、家庭规模等）群体的主观贫困差异。

研究内容二：多维相对贫困的识别（静态）及其与农户主观贫困的直接关系研究。首先，借鉴现有相关文献，构建多维相对贫困指标体系，包括收入、教育、健康、医疗保险、生活水平5 个维度共 11 个具体指标。其次，利用"A-F"多维贫困识别与测算方法，衡量农户的多维相对贫困情况，并比较不同特征群体的多维相对贫困差异。最后，综合利用二值选择模型（Logit 回归模型）和面板二值选择模型，实证分析多维相对贫困对农户主观贫困的直接影响。

研究内容三：多维相对贫困动态特征与农户主观贫困的直接关系研究。首先，借鉴现有相关文献，多维相对贫困动态特征主要利用多维相对贫困的持续时间、多维相对贫困的转移，以及多维贫困脆弱性三个指标表示。其次，识别农户的多维贫困脆弱性。在此过程中，运用接受者操作特性曲线（ROC 曲线）确定脆弱阈值，增强农户多维贫困脆弱识别的准确性。最后，综合利用二值选择模型（Logit 回归模型）和面板二值选择模型，实证分析多维相对贫困动态特征对农户主观贫困的直接影响。

研究内容四：多维相对贫困对农户主观贫困的间接影响研究（影响机制分析）。首先，通过梳理相关文献，构建多维相对贫困影响农户主观贫困的间接作用机理（心理健康的中介作用）。其次，利用中国家庭追踪调查数据（CFPS），运用因果中介效应分析方法，实证分析心理健康在多维相对贫困对农户主观贫困影响中的中介效应，以及中介效应的占比。

研究内容五：生计资本的衡量及其对农户主观贫困的影响研究。首先，借鉴现有相关文献，构建生计资本指标体系。其次，利用中国家庭追踪调查数据（CFPS），基于熵值法为各指标进行赋权，并在此基础上测算农户的总生计资本水平，以及自然资本、物资资本、人力资本、社会资本和金融资本水平。最后，综合利用二值选择模型（Logit 回归模型）和面板二值选择模型，实证考察生计资本的提高对降低农户主观贫困是否具有显著作用。

1.4 数据来源、研究方法和技术路线

1.4.1 数据来源

本书数据主要来源于 2010~2018 年的中国家庭追踪调查数据库（CFPS），不仅可以进行截面数据分析，还可以进行面板数据分析。基于该数据库的研究论文已有很多，如周广肃等（2014）利用该数据库研究了收入差距、社会资本与健康水平之间的关系；陈永伟等（2014）利用该数据库研究了住房财富、信贷约束与城镇家庭教育开支之间的关系等。因此，总体来看，该数据库可信性较强，受到了广大学者的信赖。

CFPS 数据库的样本覆盖了我国大陆 25 个省区市（包括家庭户和样本家庭户中的所有家庭成员），采用分层概率抽样方法进行抽样。2010 年，CFPS 在全国正式实施基线调查，之后，则进行两年一次的全样本追踪调查。因此，截至 2018 年，CFPS 数据库中共有 5 年的追踪调查数据。

CFPS 数据库从社区（村）、家庭、个人三个层次展开调查。在社区层面，主要收集社区或村居面貌、基础设施、自然资源、人口、医疗卫生、财政收支、政治环境等数据；在家庭层面，主要收集家庭结构与关系、生活条件、社会交往、收入支出、资产状况等多维度的数据；在个人层面，主要收集个人的教育、职

业、收入、心理与生理状况、婚姻等方面的信息。由于社区/村居信息具有一定的保密性较难获得，因此，本书在分析时主要运用个人和家庭层面的数据信息。

由于个人信息和家庭信息并不是一对一的，而是多对一，在一个数据文件中无法很好地体现。因此，每年的 CFPS 数据都有几个小的数据库样本，包括家庭经济数据库、家庭成员数据库、成人数据库和少儿数据库。其中，家庭经济数据库主要包含了一些家庭特征信息，如家庭生活条件、社会交往、收入支出、资产状况等；家庭成员数据库记录了所有家庭成员的个人基本信息（包括性别、年龄、教育、婚姻、户口类型等），以及其父母和所有孩子的基本信息；成人数据库和少儿数据库收集的个人信息则比家庭成员数据库中的个人信息更多更广，成人数据库主要收集了 16 岁及以上的成人信息（比），少儿数据库则记录了 16 岁以下成员的信息，但并不是每个家庭成员都有对应的成人或少儿数据库信息。在本书的分析中，主要利用了成人数据库和家庭经济数据库，而家庭成员数据库和少儿数据库作为辅助，主要在计算一些综合性指标时运用。

在城乡划分上，CFPS 数据库有三种方式：一是根据国家统计局划分的农村—城镇分类进行划分；二是根据访问对象所在的社区类型进行划分，包括居委会和村委会；三是根据个体的户口进行划分，包括农业户口和非农业户口。但是，相对来说，CFPS 数据中的农业—非农业户口分布与普查的数据相当接近，基本呈现七成农业户口、三成非农业户口的分布特点。因此，本书的研究对象主要选择具有农业户口的个体及其所在的家庭。此外，本书所定义的家庭主要指在经济上是一家人。因此，家庭规模的计算也主要计算经济上是一家人的人口规模。据此定义计算出的家庭规模与家庭成员数据库中的信息也是一致的。本书删除了数据缺失较多的样本，最终得到 2010 年 14190 个个体样本、2012 年 17168 个个体样本、2014 年 13668 个个体样本、2016 年 13354 个个体样本、2018 年 9028 个个体样本，并基于这些数据进行截面数据分析。

由于 CFPS 数据库是时间跨度较大的追踪数据库，在追踪调查过程中，难免会出现一些个体出嫁、娶妻的事情，导致个体所在的家庭有所改变。CFPS 以基年确定的基因成员为准，嫁出去的基因成员的个体编码遵照原有的编码，其家庭编码则重新编码；娶妻而成立的新家庭的基因成员，其个体编码也遵照原有的编码，其家庭编码也重新编码；而嫁过来并成立新家庭的非基因成员的个体编码则重新编码。因此，对于某一个个体来说，其个体编码是唯一的。本书也基于个体编码，寻找 2010～2018 年均有相关数据的个体样本，最终得到 3338 个个体样本 5 年的面板数据，并基于这些数据进行面板数据分析。

1.4.2 研究方法

本书明确了多维相对贫困、多维贫困脆弱和主观贫困等相关概念，对农户多维相对贫困和主观贫困等相关文献进行回顾，收集相关数据；综合运用理论与实证相结合的分析方法，研究了生计资本、多维相对贫困与农户主观贫困之间的关系，并探讨了心理健康在多维相对贫困和农户主观贫困之间的中介作用。具体方法如下。

（1）文献研究法。文献梳理是开展一项研究的基础，通过梳理相关文献，并对文献的研究内容、研究方法等加以归类和比较，发现以往研究的不足，从而提出本书的研究问题，明确本书的研究重点，构建研究框架，增强研究的理论支撑；通过阅读大量国内外相关文献、书籍、报告，以及网页资料等，明确多维相对贫困、多维贫困脆弱和主观贫困等主要变量的概念及其测度方法，包括指标体系的构建、临界值和具体识别或测度方法的选择等，为它们之间的关系研究打下基础；通过梳理相关文献，在压力过程模型、社会比较理论和适应性理论的基础上，构建了多维相对贫困对农户主观贫困的影响机制。

（2）问卷调查法。问卷调查法是获得研究对象一手数据的常用方法，本书所用 CFPS 数据库也是经过实地问卷调研所得。具体见数据来源说明，在此不再赘述。

（3）描述性分析与比较分析方法。描述性分析虽然简单，但它对于我们理解事物的特征及其发展趋势却是一种有效的方法，在科学研究中也是常用或必不可少的一种研究方法。本书利用描述性分析，考察了样本农户的基本特征、农户的生计资本水平和心理健康水平特征、农户多维相对贫困特征及其发展趋势，以及农户的主观贫困特征等。比较分析则可以进一步提取变量之间的相关性特征，也是科学研究中常用的分析方法。本书利用比较分析方法，考察了主观贫困农户和主观不贫困农户的基本人口特征差异、生计资本水平差异，也比较了多维相对贫困农户和多维相对不贫困农户的基本人口特征差异、心理健康水平差异和主观贫困发生率差异等，初步探索了各变量之间的相关关系。

（4）计量经济分析法。描述性分析方法和比较分析方法仅能帮我们大致了解变量之间的相关性和可能的相关方向，若要准确了解变量之间的因果关系及其之间的影响程度等，还需要更精确的计量分析。针对不同的研究目的，本书采用了不同的计量分析方法。本书综合利用二值选择（Logit）模型和面板二值选择（Logit）模型分析了多维相对贫困静态特征和动态特征对农户主观贫困的直接影响，以及生计资本对农户主观贫困的直接影响；利用因果中介效应分析方法，探究了多维相对贫困对农户主观贫困的间接效应（心理健康的中介作用）。其中，因果中介效应分析方法基于反事实框架，不仅可以分析中介变量或因变量为二分类变量的统计模型，还可以处理模型中因非随机性等造成的内生性等问题，能够更好地识别变量之间的因果关系。

1.4.3　技术路线

技术路线如图 1-2 所示。

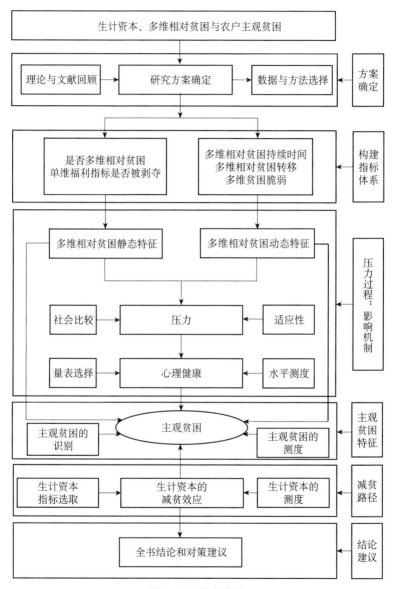

图 1 - 2 技术路线

1.5 研究框架

本书系统探讨了生计资本、多维相对贫困和农户主观贫困之间的关系，对每一章的具体内容作了如下安排。

第1章，引言。本章主要介绍本书的研究背景和意义，对书中的主要概念进行界定，进而构建本书的研究框架，并指出研究的创新与不足之处。

第2章，理论基础与文献综述。首先本章阐述了研究的理论基础，如生计资本理论、压力过程理论、社会比较理论等。其次对客观贫困、主观贫困、生计资本等相关研究进行了回顾和简评，为本书的研究提供参考和支撑。

第3章，主观贫困、多维相对贫困的测度与特征分析。本章主要在主观贫困、多维相对贫困概念的基础上，对农户的主观贫困和多维相对贫困情况进行了测度。其中，对于多维相对贫困，本书主要借鉴"A-F"方法对农户的多维相对贫困状态进行测度。最后，基于CFPS数据库分析了我国农户主观贫困以及多维相对贫困的现状，比较了不同家庭规模、地区农户的主观贫困差异和多维相对贫困差异。

第4章，多维相对贫困静态特征对农户主观贫困的直接影响。本章主要考察多维相对贫困静态特征和农户主观贫困之间的关系。在描述性统计分析的基础上，比较了多维相对贫困农户和多维相对不贫困农户的主观贫困差异。进一步地，利用二值选择模型和面板二值选择模型实证分析了多维相对贫困（是/否）和单维福利剥夺对农户主观贫困的直接影响。

第 5 章，多维相对贫困动态特征对农户主观贫困的直接影响。本章主要考察多维相对贫困动态特征和农户主观贫困之间的关系。基于 CFPS 数据库中 2010～2018 年均有数据的个体追踪调查数据，分析了农户多维相对贫困的动态特征，如多维相对贫困的持续时间、多维相对贫困的转移，以及多维贫困的脆弱性情况。在此基础上，利用二值选择模型和面板二值选择模型实证分析了多维相对贫困动态特征对农户主观贫困的直接影响。

第 6 章，多维相对贫困对农户主观贫困的间接影响。本章基于 CFPS 数据库的抑郁量表衡量农户的心理健康状况，并比较不同多维相对贫困（或脆弱）状态农户的心理健康水平差异等。在此基础上，利用因果中介效应模型实证分析了多维相对贫困（或脆弱）通过心理健康最终影响农户主观贫困的平均中介效应、平均直接效应和总效应。

第 7 章，缓解主观贫困的长效机制：生计资本的减贫效应。本章主要考察生计资本的减贫效应，从生计资本的角度构建缓解农户主观贫困的长效机制，并基于熵值法衡量了农户的生计资本水平，比较了不同特征农户的生计资本水平差异等。在此基础上，利用二值选择模型和面板二值选择模型，实证分析生计资本对农户主观贫困的影响。

第 8 章，研究结论与政策建议。本章在前文的基础上，总结了以上研究结论，并在此基础上，提出相关政策建议。

1.6 研究的创新点与不足之处

1.6.1 研究的创新点

（1）本书创新地尝试了对多维相对贫困的测度，并从静态和动态两个角度分析了农户的多维相对贫困特征，有机结合了以往对于相对贫困和多维贫困的单独研究，对农户的贫困有了新的理解。具体而言，关于相对贫困和多维贫困的研究虽然已经较为丰富，但是现有文献还未将两者有机结合起来，并进一步考察农户的贫困特征。多维相对贫困的概念是基于相对贫困和多维贫困的概念而来，但是对于多维相对贫困的研究目前也仅处于概念提出的阶段，对多维相对贫困的测度还比较缺乏。本书结合多维贫困和相对贫困的测度方法，测度了农户在某一年的多维相对贫困状态。与多维贫困的测度相比，本书在多维相对贫困识别临界值的选取上做了进一步改进，在某些维度上利用相对贫困线而非绝对贫困线识别农户在某一维度的相对被剥夺状态，将多维贫困和相对贫困进行了有机结合，填补了多维相对贫困测度的研究空白。同时，本书还考察了农户连续多年的多维相对贫困状态的变动以及农户未来陷入多维相对贫困的可能性，从多个角度全面了解了农户的多维相对贫困特征，也弥补了以往由于追踪数据难以获得而对贫困动态特征分析较少的不足，为之后进一步的研究奠定了基础。

（2）本书优化了贫困脆弱性的测度，从多个维度构建了农户多维贫困脆弱测度指标体系，并利用"A-F"和ROC曲线方法，全面并客观地测度了农户的多维贫困脆弱性，提高了农户贫困脆弱识别的准确性。具体而言，以往文献对于贫困脆弱性的测度多集中于个体或家庭的预测收入或消费这一单一指标。但是，这种单维的测度并不能真实地反映个人或家庭的贫困脆弱性。本书对于贫困脆弱性的测度不再仅局限于预测的收入或消费等单一指标，而尝试从多维的角度衡量农户的多维贫困脆弱性，构建了包括农户教育、健康和生活水平等多个指标的测量体系，全面反映农户未来陷入多维贫困的风险。在此基础上，借鉴"A-F"方法，本书具体测度了农户的多维贫困脆弱性，扩展了贫困脆弱性的内涵及其测度；在脆弱识别阈值的选择上，以往文献多基于某一特定比例（贫困发生率为40%或50%），具有较强的主观性，并且没有检验预测的准确性。ROC曲线是一种较好的评价技术，可以提高诊断或识别的准确性。研究发现不同维度、不同年份的脆弱阈值是不一样的，也不仅等于贫困发生率40%或50%。因此，利用某一特定比例识别农户的多维贫困脆弱性可能会产生较大偏差。本书利用ROC曲线客观选择脆弱识别阈值，尽可能地提高了农户多维贫困脆弱识别的准确性。

（3）本书从心理健康的角度出发，构建并实证分析了多维相对贫困对农户主观贫困的影响机制，丰富了主观贫困理论。目前，关于客观贫困与主观贫困关系的研究较为丰富，但多集中在直接影响方面，而关于客观贫困对主观贫困的影响机制研究较少。已有研究表明，贫困可以显著影响个体或家庭的心理状态，而心理状态也可以显著影响个人或家庭的主观福利感知，但是少有作者对这种间接影响机制进行实证分析。因此，本书尝试从心理健康的角度，实证分析多维相对贫困对主观贫困的间接影响机制，这对于进一步理解客观贫困与主观贫困之间的关系有重要意义；而在已有较少的实证分析中，也并未考虑贫困与这些主观变量（心理变量：成就动机、压力应对策略、自尊等）之间的内生性问题对实证结果造成的偏差。因此，本书在分析中介效应时，使用了基于反事实框架的因果中介效应模型。该方法使用了准贝叶斯蒙特卡洛近似等技术，可以降低多维相对贫困和心理健康变量之间的因果关系对结果造成的偏差，更准确地识别出多维相对贫困通过心理健康对农户主观贫困的间接影响机制。

1.6.2 研究的不足之处

（1）在动态分析中，本书主要基于 2010～2018 年均有相关数据的个体样本组成的面板数据进行分析，共 3338 个个体样本。虽然面板数据量相对较大，但与原有数据量相比却有不少缺失。

对于缺失较少的数据样本，本书依据样本的其他数据或样本其他年份的相关数据进行插补，但是仍然有较多数据缺失严重的样本被删除，导致最终样本分布的代表性有所欠缺，不如截面数据的代表性强。在插补过程中，本书尽量做到有据插补，但也不能保证插补数据完全符合样本的实际特征，因此对动态分析也可能有一定影响。

（2）对于心理健康的衡量。有些学者利用 Bond 编制的包括 12 个题项的一般心理健康问卷（GHQ-12）；也有学者利用更多选项的 90 项症状自评量表（SCL-90），包括了人际关系、抑郁、焦虑、敌对、偏执、强迫等更多方面的心理状态（黄四林等，2015）。但是，由于相关数据的限制，本书在心理健康的衡量上，仅利用流调中心抑郁量表（CES-D）进行分析，没有综合考察农户多方面的心理健康状态。在以后的研究中，也可以分析不同方面的心理健康状态在客观经济变量与主观贫困之间的中介作用。

（3）对于多维相对贫困的研究还处于概念阶段，未有权威的测度体系发布，本书在多维贫困和相对贫困测度的基础上，初步探索多维相对贫困的测度方法。在指标体系选取上借鉴了多维贫困的测度指标体系，而在临界值的选取上，则借鉴了相对贫困的识别临界值（相对贫困线）。其中，对于多维贫困的测度指标体系，国内外均没有一个统一的标准，但是受学者认可相对较多并被广泛借鉴的仍然是牛津贫困与人类发展组织（OPHI）开发的多维贫困指标体系。有学者可能会质疑他在我国的适用性问题，但是，我国对多维贫困的衡量也没有官方标准，对多维贫困的认识和衡量仍然处于探索阶段。因此，本书仍然借鉴了他们的多维贫困指标体系，但在临界值的选择上，我们尽可能使用符合我国实际情况的临界值来识别农户的多维贫困状态，尽可能增强该指标体系的本土化。考虑到本书的研究时间为 2010～2018 年，我国的绝对贫困问题还未完全解决，在临界值的选取上，我们并未将各个维度的临界值都选择为相对贫困线，而只有部分维度的临界值选择了相对贫困线。在以后的研究中，学者可以进一步探索各维度临界值的选取。此外，在临界值的选取上，虽然本书考虑了国际差异，但忽略了国内地区之间的差异，而用了国内统一标准，没有更精确地展现出各地区之间的多维相对贫困差异。

第 2 章　理论基础与文献综述

2.1　理论基础

2.1.1　生计资本理论

对于生计资本的分析，学者运用较多的还是英国国际发展部（DFID）提出的可持续生计框架（DFID，1999）。

生计资本包括自然资本、物资资本、人力资本、社会资本和金融资本。DFID 认为各类资本之间是相辅相成的，任何单一类别的资本本身都不足以产生人们所寻求的各种各样的生计成果。人们拥有的资本越多，维持生计的选择和机会也越多，因此可以在多种选择中做出最优选择。对于穷人来说，他们获得任何特定资本的机会往往都是非常有限的，为了生存，他们必须寻求各种方法，去培育和整合他们所拥有的资本，其中，自然资本是指对生计有用的自然资源流和服务。构成自然资本的资源有很多，如土地和农产品、水和水产资源、树木和森林产品、生物多样性、环境服务等。自然资本是生产的基础，如果没有这些环境服务和由自然资本生产的食物，我们将无法生存。在可持续生计框架内，自然资本与脆弱性之间的关系尤为密切，许多穷人面临的外界冲击本身就是破坏自然资本的过程。

物质资本包括基本的基础设施和维持生计所需的生产性商品。基础设施如负担得起的交通工具、安全的住所、充足的供水和卫生设施、清洁和负担得起的能源等。生产性商品是人们用来提高生产效率的工具和设备，如生产工具和设备、种子、肥料、杀虫剂、传统技术等。

人力资本是指劳动者通过投资形成的，能够帮助其实现生计目标的知识、技能和健康等。因此，在个人层面上，人力资本主要取决于个人的知识、技能、健康和劳动能力，但是在家庭层面，人力资本还要取决于家庭劳动力的数量和质量。

社会资本是指人们为追求生计目标而利用的社会资源。包括纵向或横向（在有共同利益的个人之间）的社会网络，需要遵守相互商定或普遍接受的社会规则、规范，以及信任、互惠的社会关系等。这些社会资源有助于增加人们之间的信任，降低交易或合作成本，促成稳定的合作关系。社会资本对其他类型的资本可能也会产生直接的影响，如社会资本可以提高经济效率（交易成本的降低），在总资源不变的情况下，可以提高人们的收入和储蓄。

金融资本是指人们拥有的金融资源。例如，储蓄、信贷（正式、非正式)、养老金、工资等现金或等价物。金融资本往往是穷人最缺乏的生计资产。学者也指出,正是因为穷人缺乏金融资本,其他类型的资本才对他们如此重要(Serrat,2008)。

2.1.2 压力过程模型

梁樱(2013)指出,对于心理健康的解释性因素的讨论大多可以纳入皮尔林等(Pearlin et al.,1981)提出的压力过程模型,之后该模型也被不断扩展和完善。皮尔林等(Pearlin et al.,1981)指出,社会压力的过程可以看作是三个主要概念的结合,即压力的来源(sources)、压力的中介(mediators)和压力的表现(manifestations)。其中,压力是指个体对有意识或无意识地被视为有害情况的反应,压力的表现或者压力导致的结果(outcomes)并不是唯一的,可能有很多表现,包括免疫系统、内分泌系统、消化系统和心血管系统等生理上的表现,也包括焦虑、抑郁和心理健康等情感上的表现。因此,心理健康可以被视为是压力表现的一种,也是社会学研究主要关注的问题。

在压力过程模型中,压力的来源是社会学关注的重要领域,包括生活事件(离散事件)和慢性压力,即更持久或反复出现的生活问题。其中,最开始对生活事件的关注较多。生活事件意味着变化,是个体在某个时间经历的事情,如失业、结婚、离婚、自然灾害等。但并不是所有的事件都会成为压力源,只有当生活事件是不受欢迎的,而且是计划外的、无法控制的时候,这样的事件才会成为很大的压力源。还有一些研究人员认为，"非事件"即不发生的事情，也可能是压力源。非事件的压力可能是由于预期或希望发生的事情没有实现而造成的，这在社会学研究中具有重要意义（Pearlin，1999）。因此，压力的来源并不仅局限于生活事件，其他在生活中持续出现的问题也可能是个人压力的来源。最初，社会学对慢性压力源的关注主要集中在个人的社会角色问题上，因为社会角色所涉及的活动和人际关系是持久的。对社会角色压力的关注包括角色超载（role overload）、角色间冲突（inter-role conflict）、角色囚禁（role captivity）、角色调整（role restructuring）等。此外，人们所处的环境也可能会形成一定的压力源，如社区安全、污染等问题。生活事件和慢性压力也可能存在一定的交互，如生活事件可能导致慢性压力，慢性压力也可能导致生活事件（Pearlin，1989）。因此，压力的来源是多样化的、复杂的系统。皮尔林（Pearlin，1999）在重新审视压力过程模型时，认为人们并不会只面临一种压力，而且压力也不会同时出现在人们的生活中，可能随着压力过程的展开而依次出现。因此，本书将压力过程模型中的压力源细分为初级压力源和次级压力源。

压力源的强度并不能直接预测压力的强度，会受到人们观念和认知等的调节。人们通常会用各种各样的行为、观念和认知来面对压力，不同的行为、观念和认知可能会导致不同的压力表现。社会支持（social supports）和应对（coping）是两个重要的调节资源。个体在面对一些生活问题带来的压力时，会通过社会支持和应对来努力避免、消除或减少压力带来的痛苦。

因此，压力源、压力中介和压力表现三个领域之间相互联系构成了基本的压力过程模型，如图 2 - 1 所示。当然，产生一系列特定压力源的环境以及调节压力源对压力表现影响的条件是极其复杂和多变的，压力过程模型并不是所有关于社会压力的调查都能严格遵循的一套规则，而应被视为一个通用的导向框架（Pearlin，1999），学者可以在实践的基础上不断扩展和完善。基于此，本书将考察多维相对贫困这样的压力源对农户心理健康的影响。

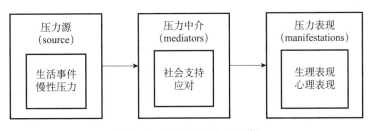

图 2 - 1　压力过程模型示意

2.1.3　社会比较理论

费斯廷格（Festinger，1954）提出了社会比较理论，认为人们总是存在着一种评价他们自身观点和能力的欲望。当个人可以通过客观、非社会的信息来评价自身的观点和能力时，个人会首先选择这些客观、非社会的信息作为评价的基础。但是，当这些客观、非社会的信息不可用时，人们则会向他人寻求社会信息，通过与他人比较来评估自己的观点或能力。当缺乏客观信息和社会比较信息时，个体对自身观点和能力的主观评价往往是不稳定的。在"抱负水平"试验中，如果一个人的得分和他的预期一样，他就会对自己的能力有一个很高的评价，如果他的得分低于他的"抱负"，他就会对自己的能力有一个较低的评价。同时，"抱负水平"也会随着个人的得分显著波动。如果一个人的得分比以前好，那么以前被认为是好的表现就不再好了，他的"抱负水平"也会上升。同理，如果他的得分下降，他的"抱负水平"也会随之下降。因此，在没有客观信息和社会比较时，个体对自身观点和能力的主观评价是不稳定的。

在社会比较时，个体一般倾向于选择与自己观点或能力差异较小的人进行比较。这种差异虽然较小，但也可以区分能力的高低，那么个人会选择比自己能力高的人进行比较，还是倾向于选择比自己能力较低的人进行比较呢？费斯廷格（Festinger，1954）认为，在能力方面，人们倾向于向上比较，即与比自己更强的人进行比较，比如，个人通常更喜欢与比自己稍微富裕一些的人进行比较。尤其是当个体有明显的自我提升欲望时，这种向上比较的倾向会更明显。

布恩克和吉本斯（Buunk & Gibbons，2007）指出，与一个比自己优越的人对比，虽然可以为自己提供信息，引导自己积极向上，但也可能会引发一种需要被对抗的威胁，经历深深的不满、内疚或懊悔，最终给自己带来压力。为了消除或缓解这种压力和威胁，个体也可能会选择向下比较，即与比自己处境更糟的人进行比较，即向下比较理论。向下比较理论认为经历消极情绪的人可以通过与他人（更糟的人）比较来提高自己的主观幸福感（Wills，1981）。泰勒等（Taylor et al.，1983）对乳腺癌患者的研究表明，她们中的绝大多数人与其他癌症患者进行了某种向下的比较。并且，如果她们不知道哪个人的情况更严重，她们就会想象其他人，甚至虚构这样一个目标，并与这些较差的目标进行比较，这会让她们对自己的处境感觉更好。因此，在社会比较过程中，可能会对个体产生积极的影响，也可能产生消极的影响。

2.1.4　享乐适应理论

布里克曼和坎贝尔（Brickman & Campbell，1971）描述了一种"享乐跑步机"（或"快乐水车"）（hedonic treadmill）的比喻，就像在跑步机上跑步一样，无论如何努力都只会在原地而无法前进，当人们经历对生活事件的情绪反应时，也会发生类似于感觉适应的过程。生活事件可能是积极的事情，也可能是消极的事情。无论是积极的事情还是消极的事情，都只会暂时影响个体的快乐，在个体适应之后会很快回到享乐中立的状态（"设定点"），即经历这些生活事件之前的快乐状态。对于积极的事情，这种适应会降低积极事件带给个体的快乐；对于消极的事情，这种适应也会降低消极事件带给个体的不好情绪，而这种对快乐的积极或消极影响逐渐消失的过程也被称为享乐适应（hedonic adaptation）（余樱和景奉杰，2016）。享乐适应解释了很多现实情况而被许多学者所接受，如拥有大量资源的人有时并不比拥有很少资源的人更快乐，有严重问题的人有时却相当快乐等（Diener et al.，2006）。

随着相关研究的深入，迪纳等（Diener et al.，2006）、布朗哈特和布利斯（Ployhart & Bliese，2006）等对该理论进行了修正。首先，个人的"设定点"并不是享乐中立的，更倾向于保持在一个积极的情绪状态中。一个人可能有多个"设定点"，并且"设定点"在人与人之间也存在差异，即个体之间倾向的情绪状态或快乐水平是有差异的。其次，个体的该"设定点"在某些情况下可能也会发生改变，或提高或降低。最后，个体对事件的适应是不同的，即使是对同一件事，适应的速度和程度也存在个体差异。有些个体可能改变了"设定点"，而有些个体对外部事件的反应可能并不会改变。长期经历许多积极事件的人可能从一个以上的积极事件中获益较少。同样地，长期经历过许多不好事件的人可能不会因为再增加一个消极的生活事件而受到强烈的影响。余樱和景奉杰（2016）认为，个体对事件的适应具有非对称性，相对于一些负面或消极事件，个体对正面或积极事件的反应更为灵敏，对负面事件则需要更长的时间去适应。并且，有些负面事件也很难完全被适应，在经历过这些负面事件后，随着时间的推移，这些负面事件对个体的消极影响可能会减弱，但很难完全消失，快乐水平只会尽可能地接近但很难回归到原先的"设定点"。

因此，在社会比较和不同适应能力的影响下，个体对某一事件的情绪反应可能并不相同，这取决于个体如何进行社会比较，以及个体对事件的适应过程。

2.2 文献综述

2.2.1 客观贫困研究

2.2.1.1 客观贫困的衡量

贫困的含义经历了从绝对贫困到相对贫困、单维贫困到多维贫困的发展。经济合作与发展组织（OECD）对贫困的传统定义是"个人或家庭在某一特定时间点无法负担一个社会中典型的消费品和活动"。其中，一个人的基本需要或者社会中典型的消费品和活动，大多是预先确定的，如健康、积极生活的基本需求，而营养需求通常是最突出的。贫困线也被定义为个人经济福利的货币衡量值，即达到某种"最低"或"最低生活水平"所需的收入，只有当且仅当人们的收入/支出低于这条线时，人们才被认为是贫困的（Pradhan & Ravallion，2000），这种贫困也被称为绝对贫困。1990 年，世界银行规定的最初贫困标准是每人每天生活费 1 美元，而目前的贫困标准是根据 2017 年购买力平价汇率计算（PPPs）的 2.15 美元。由于各国收入差距较大，世界银行还报告了 2017 年购买力平价中两个更高价值的贫困线，分别为每人每天 3.65 美元和 6.85 美元，分别对应中低收入和中高收入国家的典型贫穷线。① 我国的贫困标准也在随着经济的发展而提升，2008 年贫困标准为每人每年 1196 元，2010 年贫困标准为 2300 元，各年的现行贫困线则根据低收入群体消费价格指数调整。② 以上均是对绝对贫困的衡量，但是，福克斯（Fuchs，1967）认为这样的固定标准有许多缺陷，所有所谓的"最低限度"或"维持生计"预算都是以现代标准为基础的，这些标准很快就会过时，因此建议将任何收入低于家庭收入中位数一半的家庭定义为贫困家庭。此后，也有些学者或国家利用可支配收入（消费）的均值或中位数或相当收入的某一百分比（如 40%、50%、60%）作为贫困线（Bosch et al.，1993），这种贫困线也被称为相对贫困线，被用来衡量个体或国家的相对贫困情况。若个体的收入/消费低于此贫困线标准，则为相对贫困，否则为相对不贫困。

随着研究的深入，对于贫困的认识不再局限于个体的收入或

---

① 资料来源：世界银行，https：//www.worldbank.org/en/topic/measuringpoverty#2。

② 资料来源：国家统计局，https：//www.stats.gov.cn/zs/tjws/tjzb/202301/t20230101_1903716.html。

消费，还涉及教育、医疗、安全等多个方面，即多维贫困。世界银行对贫困的描述："贫困就是饥饿；贫困就是没有住房；贫困就是生病不能看病；贫困是没有上学的机会，也不知道如何读书；贫困是没有工作，是对未来的恐惧。"相对于仅以收入或消费定义的单维贫困而言，在此多维贫困定义下，贫困人口的比例也有所提高。为了减少贫困，我国也颁布了多项扶贫政策，在《中国农村扶贫开发纲要（2011—2020年)》中确定了农村扶贫战略目标——"两不愁、三保障"，学者也以此为标准，研究了农户的多维贫困问题。

对于多维贫困的衡量，用得较多的为阿尔凯尔和福斯特（Alkire & Foster，2011）提出的测算方法，被称为"A-F"方法。对于贫困的识别主要涉及两个门槛：一个是在每个维度内确定个体在该维度上是否被剥夺（门槛"z"）；另一个是跨维度的，通过"计算"一个人被剥夺的维度来确定穷人（门槛"k"）。具体计算方法我们将在下文的分析中详细介绍。多维贫困涉及个体或家庭的多个方面，在指标的选取上，还未达成统一，不同的学者采用的维度和指标稍有不同。阿尔凯尔和福斯特（Alkire & Foster，2011）利用收入、自评健康、医疗保险、教育程度4个指标衡量了美国个体的多维贫困情况。王春超和叶琴（2014）同样利用了收入、健康（身高体重、自评健康）、教育、医疗保险4个维度，对比分析了中国农民工和城市劳动者多维贫困的状况。牛津贫困与人类发展组织（OPHI）在测量全球贫困指数时，选取了健康、教育和生活标准 3 个维度和 10 个具体指标，其中，健康包括营养和儿童死亡率；教育包括最高教育程度和适龄儿童辍学情况；生活水平主要包括家庭在做饭燃料、饮用水、卫生设施、用电、住房等方面的情况。其他学者在分析个体或家庭的多维贫困状态时，也会参考此维度，并根据研究对象稍有调整，一般包括个体或家庭的收入、教育、健康、医疗、生活水平，有些还加入了个体或家庭成员的就业情况（沈扬扬等，2018；史恒通等，2019）。

2.2.1.2 贫困脆弱性分析

如果说贫困是过去或现在的一种状态，那么贫困脆弱性则是一个前瞻性的概念，是对个体或家庭未来是否容易陷入贫困的一种预测。对于贫困脆弱性的衡量，主要有三种方法，即预期的贫困脆弱性（VEP）、低期望效用脆弱性（VEU）和风险暴露脆弱性（VER）。预期的贫困脆弱性是指个人或家庭在将来陷入贫困的可能性；低期望效用脆弱性是指家庭不被认为是脆弱的某一特定等价消费水平所产生的效用与预期消费效用之间的差值；风险暴露脆弱性是估计由于风险打击而产生的事后福利损失（Gaiha & Imai，2008）。其中，预期的贫困脆弱性（VEP）由于最容易理解和测算而被广泛运用。贫困的衡量由单维发展到多维，贫困脆弱性的衡量也有这样一个发展过程。最初对贫困脆弱性的计算也是单维的，主要基于个体或家庭的预测收入/消费（万广华和章元，2009；万广华等，2011；黄承伟等，2010）。随着贫困概念的发展，学者也尝试基于多维指标测算个体或家庭的贫困脆弱性（李丽忍和陈云，2019；Gallardo，2020；Nasri & Belhadj，2018）。其中，李丽忍和陈云（2019）首先根据"A-F"方法测度农户的多维贫困得分，多维贫困脆弱即为农户预测的多维贫困得分大于设定的临界值（1/3）时的概率。

学者还将农户在一定时间段内的贫困进行了分解，包括慢性贫困、暂时性贫困，以及随机性和结构性贫困等（万广华等，2014）。对于贫困的分解，有些学者根据贫困的持续时间划分暂时性贫困和慢性贫困，长时间经历贫困的为慢性贫困，短时间经历贫困的为暂时性贫困。但这样的划分有一定的主观性，时间长短的临界值具有不一致性，而且研究的时间长度只能为奇数。这样的划分也没有考虑贫困的深度问题。因此，学者对贫困的划分方法也进行了一些修正和改进。贾兰和拉瓦雷（Jalan & Raval-lion，2000）认为，由于消费的跨期变动而导致的贫困为暂时性贫困，但若家庭或个人的消费一直或长期处于较低水平则为慢性贫困。学者根据个人或家庭的收入/消费划分，由永久性收入/消费引起的或决定的贫困成分为慢性贫困成分，由波动性收入/消费引起/决定的贫困成分为暂时性贫困成分（章元等，2013；聂荣和张志国，2014；万广华等，2014）。章元等（2013）研究发现，慢性贫困成分在总贫困中占有绝大比重，但农户总贫困的下降却主要来自暂时性贫困成分。在进一步的影响因素分析中发现，家庭规模扩大会显著增强家庭的总贫困，以及慢性贫困和暂时性贫困。人力资本和金融资本对降低家庭的总贫困和慢性贫困有重要作用，但对降低家庭的暂时性贫困作用不太显著。聂荣和张志国（2014）认为，导致慢性贫困脆弱往往包括失业、慢性疾病等长期使个人或家庭处于较低（纯）收入状态，难以进行资产积累抵御外界冲击的因素。而暂时性贫困脆弱往往是一些偶然因素引起的，包括洪涝、病虫害、台风等自然灾害，以及婚丧嫁娶、突发疾病等，使家庭或个人在短期内无法平滑他们的消费而陷入贫困脆弱，但通过合理的手段，一段时间后又可脱离贫困脆弱状态。研究发现，我国农村家庭更多地表现为慢性贫困脆弱，随着户主年龄和家庭规模的增长，家庭处于慢性贫困脆弱的概率先降低后上升，暂时性贫困脆弱的发生率则与之相反。

对于贫困脆弱性的影响因素分析也较为广泛，包括宏观方面的贸易开放、公共转移支付，也包括微观方面的家庭人力资本特征、社会资本特征、非农就业、金融普惠等。林文和邓明（2014）从宏观上分析了贸易开放度对我国农村贫困脆弱性的影响，研究表明，贸易开放度对降低我国农村居民家庭的贫困脆弱性具有显著的积极作用。樊丽明和解垩（2014）基于两轮调查的面板数据，运用倾向值匹配得分倍差法，从微观上分析了公共转移支付（困难补助、残疾补助或福利金收入）对家庭贫困脆弱性的影响。可能是因为，首先，公共转移支付的覆盖面有限且水平较低，仅占人均收入的 15%；其次，公共转移支付只是暂时性、一次性的补助，对家庭长期收入的影响并不大；最后，公共转移支付的对象识别也不完善，存在贫困但没有受到补助的情况等，研究结果同样表明公共转移支付对慢性贫困和暂时性贫困的脆弱性没有任何影响。

微观因素方面，徐超和李林木（2017）研究了城乡低保对降低贫困脆弱性的影响，运用倾向得分匹配方法消除选择性偏差之后的研究结果仍然表明，低保制度对降低家庭贫困脆弱性并没有显著的积极作用，反而可能存在显著的消极作用。可能是因为，低保制度的识别仍然有待改善，或对私人转移存在挤出效应，同时也可能会降低劳动力的工作意愿，短暂的补助并不能改变居民的长期状态。左孝凡（2020）还分析了邻里效应对农民贫困脆弱性的影响，即社区群体贫困状态是否对个体贫困产生影响。农村是典型的熟人社会，长期的群居生活形成了一定的社会规范。这种社会规范会对"圈内"个体的行为产生一定的约束作用，也会使个体的行为存在一定的趋同效应。如果某一农村普遍存在"读书无用论"的观点，村民就会普遍减少在下一代教育上的支出，那么贫困就很可能延续下去。实证研究发现，邻里效应对农村居民当期贫困状态和未来贫困状态均产生显著不利影响。但是这种影响在东北地区并不显著，而在西部地区最为显著。今井等（Imai et al., 2015）运用处理效应模型，研究了越南和印度非农部门就业对减少农村贫困和脆弱性的作用，研究发现，获得非农就业机会大大降低了贫困脆弱性，这意味着家庭活动向非农部门的多样化转变将减少这种贫困的风险。进一步的分析表明，销售人员等技术性劳动对降低脆弱性的影响要比非技术或体力劳动的影响大得多。此外，金融普惠对农村家庭贫困脆弱性有显著的负向影响，参与产业扶贫项目、增能赋权均能有效缓解农户贫困脆弱性（Gloede et al.，2015；张栋浩和尹志超，2018；谭永风等，2020；高帅等，2020）。

2.2.1.3 客观贫困的影响因素分析

对于贫困影响因素的研究，前期主要集中于宏观的经济增长和收入分配，后期的研究涉及微观方面，研究内容越来越丰富。万广华和张茵（2006）采用Shaley分解法研究了我国20世纪90年代收入增长与不平等对贫困的影响，认为90年代前期农村贫困的减少主要归功于收入的增长，以及分配不平等的下降；但在90年代后期，收入增长缓慢，并且分配不平等加剧，农村贫困有所上升。夏庆杰等（2007）则认为，城镇贫困的缓解几乎完全归因于经济增长而非收入再分配，生活困难救助对减少城镇贫困影响很小。

万广华和张茵（2008）进一步分析了我国沿海与内地贫困差异的决定因素，将贫困差异分解为边际影响差异（资源利用效率差异）和禀赋差异。研究表明，相对沿海地区，内地贫困指数较高主要是因为前者，即较低的资源利用率；收入分配的不平等也是造成内地高贫困的重要原因。罗楚亮（2012）估计了不同年份之间贫困变动的经济增长效应与收入分配效应，认为经济增长对贫困变动的影响在逐步减小，而收入分配不平等（基尼系数）对贫困变动的影响在逐步增加。对收入进一步划分发现，农业纯收入对于降低贫困的影响是最大的，其次为外出务工收入和其他工资收入，而财产性收入和转移收入对于降低贫困的影响是最小的，这与夏庆杰等（2007）的研究结果也较为一致。陈飞和卢建词（2014）对"贫困—增长—不平等"减贫效应分解方法进行修正。结果表明，收入的提高显著降低了贫困发生率，但收入不平等却大大增加了减贫的难度。非农经济活动参与、受教育水平、地理位置和耕地面积均是影响农户增收的重要因素。郭熙保和周强（2016）从贫困持续时间、脱贫、进入贫困等动态方面研究了贫困的决定因素，研究表明，教育、医疗、就业（正规就业比例）和人均收入对贫困的贡献度都很高，解释了家庭长期多维贫困致因的 60% 以上。除此之外，学者还从更多的方面研究了致贫或减贫的决定因素（黄薇，2019；刘二鹏和张奇林，2018）。

2.2.2 主观贫困研究

2.2.2.1 主观贫困的衡量

对主观贫困的研究，首先就是对主观贫困的定义和评估。主观贫困是个体根据其在收入、教育、医疗、养老、未来收入预期等方面的整体状况而对自身是否处于贫困状态的主观上的评价

（Koczan，2016）。目前对于主观贫困的衡量主要有以下三种方法。

第一，收入或消费评估法（IEQ）。范普拉格（Van Praag，1971）让个体将收入划分为"非常充足""充足""不足""非常不足"等10个等级，这些回答被用来构建一个效用函数来评估福利，并以此来评价个体的主观贫困。普拉丹和拉瓦雷（Pradhan & Ravallion，2000）则通过个体对家人在食物、穿衣、住房、健康、教育方面最低消费需求满足情况的评价来测量。

第二，最低收入法（MIQ），即通过询问个体在当前情况下，其认为最低的家庭年/月净收入水平，学者也称之为农户的主观贫困线。格德哈特等（Goedhart et al.，1977）提出一种界定贫困线的新方法，即询问户主他们认为自己家庭的最低收入水平需要多少。与之类似地，卡普坦（Kapteyn，1994）询问受访者，他们认为"维持收支平衡"所必需的最低收入是多少，这些也被称为最低收入法（MIQ）。运用最低收入法衡量的主观贫困线会随家庭人数的不同而不同。卡普坦等（Kapteyn et al.，1988）发现，在运用最低收入法估计主观贫困线时，有两个重要的因素可能会导致估计发生偏差：一是受访者往往会严重低估其税后的家庭收入；二是在样本选择时，穷人参与调查的可能性较低。因此，作者在考虑了这两种偏差之后，对主观贫困线的衡量作了修正。在询问主观问题之前，加入了一些其他问题，如关于家庭收入的大量事实性问题等，使被访者在回答主观问题时能够准确地了解他们的实际收入。德沃斯和加纳（De Vos & Garner，1991）也关注到最低收入法衡量主观贫困时，被访者部分收入遗漏和选择性不回应的问题，认为只有那些收入等于其最低必要收入的人，才有这个最低收入水平的真实图像；收入较高的受访者可能会高估其最低必要收入，而收入较低的受访者则可能会低估其最低必要收入。作者基于以上思想，对主观贫困线的衡量进行了修正（交点）。

第三，以个体的生活满意度或幸福感表示（subject well-being poverty，SWB），如金登和奈特（Kingdon & Knight，2006）和沙姆斯（Shams，2014）通过询问个体对其目前社会经济状况的满意情况表示。

前两种衡量方法仍然限于个体的收入或消费，包含了更多经济方面的因素，而第三种方法是一种更加综合的衡量方法，包含了个体生活的更多方面，能够更全面地反映农户的主观贫困感受。毕晓普等（Bishop et al.，2014）也对主观贫困的衡量做了改进，等效尺度通过将不同组成的家庭转换为同等的个体，使家庭间的福利比较成为可能。古斯塔夫松等（Gustafsson et al.，2004）首次将主观贫困线方法应用于中国，主要是通过多个问题考察人们是否有足够的收入（收入充分性百分比）。例如，"根据你的实际情况，1999 年你一个月的最低家庭生活开支是多少""按照你家的实际情况，你全家在 1999 年维持最低生活水平每月的费用大约是多少"。基于主观贫困线的贫困计数，与使用官方估算中国城市贫困的方法得到的结果惊人地接近，然而各个城市的贫困程度存在很大差异。中国城市的贫困状况与家庭的教育水平、生命周期以及劳动力市场状况有很大关系。但是在调查中仍然发现了支出低估现象，被试通常不考虑某些不常见的支出，这对主观贫困的衡量造成了一定的偏差。但之后，对于中国主观贫困的分析相对较少。刘波等（2017）、田雅娟等（2019）、丁赛和李克强（2019）研究了中国居民家庭主观贫困的影响因素，受访者家庭教育水平、家庭财富、家庭规模和结构、工作与住房、医疗支出和保险等对居民的主观贫困均具有显著影响。年龄对主观贫困的影响是负向的，随着年龄的增加，主观贫困感有所降低。

2.2.2.2 特殊群体（老年人与儿童）的主观贫困研究

特殊群体的主观贫困感受也受到广大学者的关注，如老年人的主观贫困感和儿童的主观贫困感。有学者研究了中国老年人的主观幸福感贫困（主要用生活满意度指标来表示），分析结果显示，16%以上的农村老年人口和11.5%的城市老年人生活满意度为差或非常差。分年龄来看，城市中70～79岁老年人的主观幸福感贫困发生率最高，而农村老年人的主观幸福感贫困发生率更高；分性别来看，老年妇女的贫困率高于老年男子。由此看来，老年人，特别是农村老年人、女性老年人，已经成为我国贫困人口中的一个特殊群体。在影响老年人主观幸福感贫困的诸多因素中，个人生活态度的影响最大，其次是健康，再次是教育。收入也具有一定的影响，但影响系数有限（Wang et al.，2011）。

对儿童主观福利的研究也较丰富，梅因（Main，2014）研究发现，年龄较大的孩子幸福感较低的可能性更大，女孩的幸福感略高于男孩，生活在单亲家庭并不会影响儿童低幸福感的概率。作者同时研究了儿童物质剥夺、最低收入福利资格（即是否来自贫困家庭）与儿童主观幸福感各方面之间的关系。研究结果表明，家庭贫困是儿童主观幸福感的一个重要预测因子。也有学者认为，家庭收入可能不是一个很好的、稳定的衡量主观幸福的标准，因为家庭成员之间的资源分配不能简单地假定是平等的，贫困和儿童主观幸福感之间的联系也可能不是那么直接，可能存在影响其方向或强度的潜在机制（中介或调节），如家庭关系和友谊可能是贫困与儿童主观幸福感之间关系的潜在中介或调节因素。研究结果显示，儿童物质匮乏对其主观幸福感的影响是由家庭关系和朋友关系所引起的。此外，家庭关系也是一个重要的调节因素。家庭关系不佳时，儿童被剥夺对主观幸福感的负面影响会加剧，但良好的家庭关系可以防止主观幸福感进一步恶化（Cho，2017）。梅因（Main，2019）对"收入或资源在家庭内部公平分配"的假设也产生了质疑，分析了孩子对家庭资金管理和资源分配公平性的看法，以及他们对家庭资金管理和资源分配的参与对其主观幸福感的影响。研究结果表明，儿童的反应与儿童被剥夺有关，而与家庭富裕无关；家庭财富管理不公平感和参与不足感与较低的主观幸福感相关。也有学者考察了来自低收入家庭的儿童和年轻人的主观幸福感（包括生活满意度与学校满意度）的增长轨迹。研究结果表明，主观幸福感随着年龄的增长而下降，但两种主观幸福感有不同的增长轨迹模式。对于生活满意度，负线性和负二次趋势显示，预期的生活满意度水平在第一时间点（第2波）下降，并随着时间的推移而迅速下降。与此相反，学校满意度呈负二次线性和正二次趋势，抑制了初始状态下的水平下降，但随着年龄的增长，下降速度减慢。在控制其他变量的情况下，剥夺仍然是预测儿童主观幸福感的一个重要因素，表明生活满意度和学校满意度随着剥夺程度的增加而降低；自我评定的学校满意度和生活满意度随被剥夺程度的增加而降低（Chen，2020）。

2.2.2.3　主观贫困的影响因素研究

在主观贫困决定因素方面，收入是学者关注的重点，研究的焦点主要集中于绝对收入和相对收入。伊斯特林（Easterlin，1974）研究了经济增长与人类主观幸福的相关关系，研究结果表明，在国家内部（如美国），收入和幸福之间存在着显著的正相关关系，那些处于最高社会地位组的人比那些处于最低社会地位组的人更幸福。然而，这种正相关是否在国家之间存在并不能确定。同样，在一个国家的时间序列研究中，美国自1946年以来，高收入并没有系统地伴随着更大的幸福感。有一种观点认为，最发达的经济体，特别是美国，已经进入了一个餍足的时代。对此的一个其他解释就是"相对收入"或"相对地位"，认为相对地位是幸福的重要组成部分。产出的增加本身就会使人类的愿望升级，随着时间的推移，随着经济条件的进步，社会规范也在进步。在特定的时间内，在不同的社会中，生活水平和社会规范之间往往有大致的对应关系。因此，国家内部比较中出现的收入和幸福之间的正相关，即使在时间或空间上的社会比较中出现，也是微弱的。

迪纳等（Diener et al.，1993）发表了对伊斯特林假说的反驳，发现美国收入和幸福感之间存在适度但显著的相关性，但没有证据表明相对标准收入的影响。收入有助于个人满足某些普遍需求，例如食物、安全、健康和舒适的住房，他们更容易有更大的主观幸福感，而不考虑社会比较等。在美国的较贫穷和较富裕地区，收入产生的幸福感水平相同，认为美国的幸福度 1973～1982 年没有增加的一个可能原因是，这段时期是一个高通胀和几乎没有实际经济增长的时期。史蒂文森和沃尔弗斯（Stevenson & Wolfers，2013）指出，一些研究人员主张伊斯特林假设的修正版本，承认在那些基本需求尚未得到满足的人群中，收入和幸福之间存在联系，但声称超过一定的收入门槛，进一步的收入与幸福无关。在该论文中，作者检验了是否存在一个关键的收入水平，超过了这个水平，幸福与收入的关系就会有质的不同，然而并没有数据支持这种常见的说法。

很多学者研究了收入对主观幸福的作用，但较为主流的研究观点是绝对收入对主观贫困具有一定的解释力，但是相对收入对主观贫困的解释力更强。卡斯蒂利亚（Castilla，2012）认为，主观幸福感（收入满意度和收入充足性）不仅与受访者的绝对收入水平相关，还依赖他们对收入与参照群体收入的比较情况，如他们希望在人生的哪个阶段达到的收入水平、他们三年前的收入水平，以及参考群体的收入等。有利的比较可以提高收入满意度，但不利的比较往往会更多地降低收入满意度或收入充足的评价。研究结果表明，在控制当前收入水平以及一系列其他人口和社会经济变量的情况下，被调查者的收入状况与对照组相比越好，越是成功地实现了自己的愿望，他们对目前的收入就越满意，认为收入也就越充足。当前收入与过去收入之间的差距越大，人们对收入的满意度就越低，但这并不影响他们对收入充足性的评估。参照依赖对收入满意度影响的强弱在穷人和富人之间也有所不同，穷人对他们实现愿望的程度尤其敏感，而富人的收入满意度则受到愿望成就和相对收入地位的影响。丁等（Ding et al.，2021）检验了绝对收入、相对收入、收入不平等对主观幸福的影响，结果表明，绝对收入和相对收入都会影响被试的幸福感，绝对收入和纵向比较的相对收入（即个人收入随时间的变化）对城市地区的影响更大，而横向比较的相对收入或社会比较在农村地区发挥主要作用。收入不平等与个人幸福感之间呈现倒"U"型关系，而农村居民的这种关系往往是负的。这些绝对收入和相对收入可能反映在对不平等的不同态度上。特别是，当重点放在纵向比较时，不平等可以被视为一种提升社会规模的方式，提供改善的机会，因此得到积极的评价。然而，如果这些机会不是均匀分布或收入分配偏向某些群体，收入不平等则可以被视为歧视和持久的社会差异标志。在这种情况下，由于社会比较，收入分配的不平等可能会对幸福感产生负面影响，所以即使绝对收入增加了，收入分配的相对差距也可能会更大。

相对收入或者收入不平等是基于与自身以往或者其他个体、群体的比较而来，但是个体是否了解其他个人或群体的收入，以及了解程度有多少还未可知，这可能会在一定程度上影响相对收入对主观贫困的影响。佩雷斯－特鲁利亚（Perez-Truglia，2020）研究了挪威收入透明度对主观幸福的影响。2001 年，挪威的纳税记录变得易于在线访问，在 2001 年之前，人们必须亲自向税务机构提出正式要求，以查看他人的收入。在 2001 年秋天，挪威媒体将税收记录数字化，允许使用当地的某一网站，具有互联网访问权限的个人可以搜索任何人的纳税记录。因此，人们可以使用网站窥探朋友、亲戚和其他社会群体的收入，也可以显示特定位置地图范围内最高最低的收入等，从而使该国的每个人都能观察到其他人的收入。如果他们发现自己比他们想象的要穷，那么这会降低他们的自尊心。相反，较富裕的人通常会从此游戏中受益，知道自己比他们认为的更富有可以增强他们的自尊心。根据收入比较模型，这种透明度的变化可以扩大富人和穷人之间的幸福感差距。研究表明，较高的透明度将富人和穷人之间的幸福差距增加了29%，并将生活满意度差距增加了21%。

除收入之外，个体的基本特征以及家庭特征也会影响个体的主观幸福感受。施内普夫（Schnepf，2010）研究了中欧和东欧主观幸福感（社会地位和经济满意度）的性别差异，这两项指标均显示，经济合作与发展组织（OECD）国家在幸福感方面没有明显的"净"性别差距。但是，年龄、高等教育和失业等某些因素对所报告的男女福祉的影响不同。例如，更多的老年女性比男性报告主观幸福感低；更高的教育程度大大降低了男性的低幸福感；失业大大增加了男性主观幸福感较低的风险。穆萨（Mussa，2014）研究了马拉维生育率对主观贫困的影响，研究发现，生育能力降低了主观贫困的可能性。其他如家庭规模、家庭人口结构、家庭消费、农业土地所有权、卫生设施、食物不安全、现金转移、住房质量等对主观贫困也有一定的影响（Ren et al.，2018；Martínez & Maia，2018；Mahmood et al.，2019）。罗德里格斯-阿尔瓦雷斯等（Rodriguez-Alvarez et al.，2019）的研究也表明了住房对主观福祉的影响，住在旧房子（没有室内厕所）的人需要相当于13.5%的收入增长才能达到与不处于这种情况的人有相同的幸福水平。

2.2.3 客观贫困与主观贫困的关系研究

对于客观贫困和主观贫困关系的探讨，莱韦尔（Lever，2004）

比较了墨西哥三个社会经济群体——极度贫困、中等贫困和不贫困——的主观幸福感，研究结果表明，几乎所有的主观幸福感因素在统计上的显著差异均与受试者所属的社会经济群体有关，处于极端贫困的受试者报告的满意度（主观幸福感）最低。西蒙娜 – 穆萨（Simona-Moussa，2020）探讨了瑞士处于特定经济地位，即易受贫困影响的人的主观幸福感水平。研究结果表明，相对于不贫困的群体来说，贫困群体和易受贫困（贫困脆弱）群体的主观幸福感较低，但贫困群体和易受贫困群体在主观幸福感水平上的差异很小。

研究表明，客观贫困与主观贫困具有一定的相关关系，但是仍然存在很多客观上贫困但主观上不贫困，或者客观上不贫困但主观上贫困的群体。卡莱托和泽扎（Carletto & Zezza，2006）使用家庭总消费支出作为客观福利（poor）指标，并要求受访者根据 10 级福利阶梯对他们的经济状况进行排名，以此作为主观福利（felling poor）指标，选择前两级的家庭划分为贫困家庭，分析了阿尔巴尼亚客观福利和主观福利之间的关系。结果表明，在客观和主观测量之间只有部分一致，斯皮尔曼系数显示，人均消费支出和主观福利排名之间存在中度相关性（p = 0.5）。此外，在"客观"穷人中，只有大约一半人认为自己是穷人。在非穷人中，1/5 的人认为自己是穷人。对于这种差异，作者从相对剥夺和生活态度方面进行了分析，发现保持收入不变的情况下，如果人们比他们的邻居更穷，他们会感觉更糟糕。如果一个人天生悲观，他就会倾向于把自己置于较低的福利水平，并且在回答所有需要发表意见的问题时，很可能会有类似的偏见。但是，最后作者表示即使考虑了所有这些因素，主观贫困排名中的很大一部分差异仍然无法解释。

莱韦尔等（Lever et al.，2005）在客观贫困与主观福祉的研究中，加上了一些心理变量，如压力应对策略、竞争力、掌握力、控制点、抑郁和自尊等，分析了心理变量在墨西哥贫困与个体幸福感之间的中介作用。研究结果仍然证明了客观贫困与主观幸福的相关关系，不稳定的生活条件对主观幸福的感觉有消极影响。但幸福的变化还有很大一部分不是由经济变量直接解释的，而是由心理和社会变量间接影响。

科查（Koczan，2016）研究发现，在西巴尔干，感觉自己贫穷的人要比单纯根据收入来衡量的人多得多，并认为不确定性，尤其是与未来收入预期和对冲击的脆弱性有关的不确定性，似乎是这种差异背后的一个关键驱动因素。马哈茂德等（Mahmood et al.，2019）比较了巴基斯坦的主观贫困和以收入衡量的客观贫困的影响因素，发现主观贫困的决定因素不仅限于家庭消费，还包括家庭规模、家庭人口结构、农业土地所有权、卫生设施、身体和食物不安全。与整体非贫困人口相比，客观贫困户和主观贫困户由不同的因素决定。特别是对于主观贫困线以下的家庭，教育、家庭规模、自有住房和人身安全等因素相对于总体非贫困人口对消除贫困具有重大的积极影响。

以上关于客观贫困和主观贫困关系的分析，均是对国外的分析，对于中国的分析较少。王等（Wang et al.，2020）对中国农村的主观贫困程度进行了测量，并对其影响因素进行了分析。结果表明，农村居民家庭主观贫困线为人均 8297 元，远高于全国贫困线（2800 元）。据统计，在客观上不贫困的被调查农村家庭中，有 29% 的人主观上感到贫困。但是，文章并没有实证分析客观贫困与主观贫困之间的关系。田雅娟等（2019）对我国客观贫困和主观贫困的关系进行了实证分析，认为客观贫困对主观贫困具有一定显著影响，对主观贫困的解释贡献较小。但是，在分析的过程中，并没有将客观贫困对主观贫困的影响机制进行深入探讨。

2.2.4　心理健康与贫困之间的关系研究

随着我国经济的发展，在快速的生活节奏和高强度的工作等压力之下，我国居民的心理健康问题越来越受到大家的关注。2019 年，我国有 2.1% 的居民患有抑郁症，而焦虑症的患病率则高达 4.98%，这两个患病率总体接近 7%。[①] 在这样的大环境下，我国农村居民的心理健康状况也日益凸显。《心理健康蓝皮书：中国国民心理健康发展报告（2017—2018）》指出，相较于城市

---

① 资料来源：中华人民共和国国家卫生健康委员会，http://www.nhc.gov.cn/xcs/s3574/202012/bc4379ddf4324e7f86f05d31cc1c4982.shtml.

居民，农村居民的心理健康状况更差一些，在情绪体验、自我认识、人际交往、认知效能和适应能力方面均不如城市居民。总体来看，农村居民（农业户口）中心理健康状况"差"或"较差"的约为 20.9%，而城市居民（非农业户口）中心理健康状况"差"或"较差"的约为 15.8%。

关于心理健康与贫困（包括客观贫困与主观贫困）的研究也比较丰富。在心理健康与客观贫困方面，豪斯霍佛和费尔（Haushofer & Fehr，2014）证明了经济贫困会导致一些心理后果，如压力和消极的情感状态。2003 年《世界卫生报告》指出，富裕国家最贫穷 1/5 人口的抑郁和焦虑障碍患病率是最富有 1/5 人口患病率的 1.5～2 倍。生活在经济贫困中的人们通常需要为日常必需品而努力奋斗，在工作方面也几乎没有自由选择的机会，这些最终都会影响个体的心理健康状态（Haughton & Khandker，2009）。也有学者认为，绝对收入对个体心理健康多呈现出积极影响，但是随着绝对收入的提高，绝对收入对个体心理健康的影响可能会减弱。相对收入对个体心理健康的影响可能更为显著，若个体的相对收入较低，可能会给个体带来压力，并使个体产生压抑、沮丧、焦虑、烦躁等不良心理反应（任国强等，2016）。黄云等（2019）研究了收入差距对农村居民心理健康的影响，结果表明，个体层面的收入不平等显著降低了农村居民的心理健康水平，而群体层面的收入不平等对农村居民心理健康则呈现出"U"型影响关系，但主要也呈现出不利的影响。

苏群等（2016）研究了剥夺（包括绝对剥夺、多阶剥夺和相对剥夺）对农民工心理健康的影响机制。研究结果显示，绝对剥夺（周工作时间）、多阶剥夺（务工年限、社会保险补偿）和相对剥夺（与农村老家相比、与城市个人相比）均会降低农民工的心理健康水平。高丽等（2019）研究了社区贫困（社区低保户比例和社区收入不平等程度）对老年人心理健康的影响。结果显示，社区贫困会使老年人暴露在更多的压力中，比如要面对社区混乱的秩序、污染的环境等，并且贫困社区提供的资源和服务有限，给老年人的生活造成不便，加重老年人的抑郁水平。贫困也可能带来羞耻感，即自卑、无价值感（Chen et al.，2017）。童玉林（2020）基于压力过程模型和相对剥夺理论研究了贫困对老年人心理健康的影响，认为绝对贫困和相对贫困都会对老年人的心理健康产生显著的不利影响。在绝对贫困状态下，老年人的基本生存都得不到满足，对于其他事情更是力不从心，这降低了老年人对自己生活的掌控感，也降低了老年人的自尊心。此外，相对贫困给老年人带来的相对剥夺感，也会导致老年人产生沮丧、羞耻、焦虑，甚至怨恨等不良情绪。

关于心理健康对主观贫困影响的研究相对较少，但关于心理健康对个体主观福祉的影响研究却比较丰富，如主观幸福感、生活满意度等，这对我们研究心理健康对主观贫困的影响也具有一定的参考意义。心理健康与主观福祉的研究，尤其是老年人心理健康对主观幸福的影响受到很多学者的关注。瞿小敏（2016）

以老年人的健康水平作为中介变量，研究了社会支持对老年人生活满意度的影响机制，认为老年人身体健康水平和心理健康水平在社会支持对老年人生活满意度影响过程中表现出显著的中介作用，并且与老人的身体健康水平相比，老年人心理健康水平的中介作用更大。邓敏（2019）分析发现，随着年龄的提升，老年人的身体健康水平和心理健康水平均呈现出下降的趋势，尤其是身体健康水平下降更为迅速，但心理健康水平对主观幸福感的影响远高于身体健康水平所带来的影响。因此，大多研究均表明，心理健康对于老年人的主观幸福感或生活满意度具有积极影响，即心理健康水平越高，老年人也会感到更幸福或生活满意度更高。

基于此，有学者提出在 2020 年消除绝对贫困之后，为了防止大规模返贫，巩固和维持已有的扶贫成效，还应该重视心理扶贫。心理扶贫可以激发贫困人口的内在动力，是构建长效脱贫机制的关键，也是实现乡村振兴的基础（谢治菊，2019；胡在珊，2020）。

2.2.5 生计资本与贫困的关系研究

激发贫困人口的内生动力、提高他们的生存能力，才是持续解决贫困的长久之计。生计资本薄弱直接导致贫困人口长期处于低收入状态，延长脱贫时间，也大大增加了大规模返贫的风险（胡原和曾维忠，2019）。基于可持续生计框架，系统分析生计资本对贫困的影响研究多是理论分析，实证分析较少。在实证分析中，也多集中于生计资本的某一维度，如人力资本和社会资本。研究表明，人力资本和社会资本是影响家庭贫困脆弱性的重要因素，人力资本和社会资本不足，极易导致家庭陷入贫困之中。梁凡和朱玉春（2018）运用 OLS 模型和分位数回归分析了人力资本对贫困脆弱性的影响，发现人力资本在贫困脆弱家庭和非脆弱家庭之间的差异较为显著，家庭劳动力的健康水平、教育程度、工作经历都会显著降低家庭的贫困脆弱性，其中教育程度和工作经历与家庭贫困脆弱性均呈现倒"U"型关系。斯丽娟（2019）基于 PSM 模型（消除选择性偏误），检验了农户教育投资对降低贫困脆弱性的作用。研究结果表明，农户各阶段的教育投资在降低贫困脆弱性方面发挥了重要作用，其中义务教育阶段家庭教育支出的增加对降低农户贫困脆弱性的作用最大，高中及以上教育阶段次之，学前教育阶段的效应最小。徐戈等（2019）基于两阶段最小二乘法，研究发现了社会资本的积极作用，即社会资本每增加一个单位，贫困脆弱性下降 7.95%。何军等（2020）以农村女户主家庭为研究对象，结果同样表明社会资本作为一种外部资本，可以提高家庭风险抵御能力，对降低家庭贫困脆弱性产生积极影响。杨龙和汪三贵（2015）研究表明，资产价值越少的家庭，往往表现出较高的贫困脆弱性。在遇到冲击性事件时，如婚丧嫁娶、子女上学、大病治疗、自然灾害等，家庭也极易陷入贫困之中。

关于生计资本与主观贫困/福祉关系的系统性研究比较缺乏，主要集中于人力资本和社会资本对主观福祉影响的研究，在第7章我们也会有详细论述。但研究显示，生计资本中的社会资本对个体的心理状态有显著影响（张文宏和于宜民，2020），进而可能影响个体的主观贫困感受。胡荣和黄倩雯（2019）、张文宏和张君安（2020）研究了社会资本对老年人心理健康的影响，研究结果均表明社会资本对提高老年人的心理健康有积极影响。社会资本有助于增进老年人的社会交往，通过社会交往可以缓解老年人面临的不良情绪，同时社会交往也有助于老年人获得更多的健康知识和信息，降低老年人产生不健康心理的风险。姚远和张顺（2016）、杨磊和戴优升（2019）研究了社会资本对青少年心理健康的影响，研究结果也均证实了社会资本对青少年心理健康的积极作用。其中，姚远和张顺（2016）基于系数集束化统计分析方法，分析了青少年的家庭地位和人际关系网络对青少年心理健康的影响，认为相对于家庭地位，人际关系网络对青少年心理健康的影响更大。人际关系网络会通过社会支持、社会规范和资源获取等途径影响青少年的心理健康。其中，社会支持包括情感支持、社交支持和实际照顾支持等，为青少年提供了分享与表达情感，以及寻求理解或宣泄消极情绪的途径。因此，良好的人际关系网络不仅可以传递积极的心理健康状态，还可以通过倾诉来缓解自身的压力，改善自己的精神状态。

2.2.6 文献简评

贫困问题一直是各界关注的重要民生问题，对于贫困的研究也很丰富。从现有文献来看，贫困的研究经历了从单维贫困研究到多维贫困研究再到主观贫困研究的发展过程。其中，多维贫困和主观贫困越来越受学者的关注。上述文献为本书的研究提供了有益的参考和借鉴，但还存在以下几方面的不足和改进之处。

第一，对于多维贫困和相对贫困的研究有待进一步丰富和推进。2020 年后，相对贫困成为我们反贫困工作的重点，但从多维的角度考察农户的相对贫困问题，有助于实现相对贫困人口的全面发展（吕新博和赵伟，2019）。目前，对于多维贫困的研究缺乏相对性考虑，在临界值的选取上仅运用了绝对"贫困线"。而对于相对贫困的研究也缺乏多维性考虑，仅基于可支配收入的某一百分比识别农户的相对贫困状态。因此，多维贫困和相对贫困研究难以有机结合，无法全面考察并改善农户的相对贫困问题。

第二，在贫困脆弱性的衡量上，以往文献多基于预测的未来收入或消费这一单一的指标来衡量。但是，仅利用单一的消费、收入或资产等指标来衡量贫困脆弱性既不可行也不可取，无法全面反映家庭的真实风险暴露（World Bank，2001）。并且贫困脆弱性是指个人或家庭未来陷入贫困的风险，随着贫困的含义从单维贫困发展到多维贫困，贫困脆弱性的含义和测度也应有所改变和完善。另外，在贫困脆弱识别阈值的选择上也有较强的主观性。贫困脆弱识别阈值有些被设定为贫困发生率，有些则直接被设定为 50%（Chaudhuri et al.，2002）。但是，各个维度的脆弱阈值是不一样的，同一维度不同年份的脆弱阈值也是有差异的，运用同一脆弱阈值进行识别，无法客观并准确地识别农户的贫困脆弱性。

第三，缺乏对农户主观贫困的系统性研究。国内对农户主观贫困的关注较少，但国际上对农户主观贫困的研究则较为丰富。在客观贫困（包括单维贫困和多维贫困）对主观贫困的影响研究中，多集中于分析客观贫困的静态特征，对于客观贫困动态特征对主观贫困的影响研究较少；在影响机制分析方面，部分研究考察了个体心理特征在客观贫困与主观贫困之间的影响作用。但是，贫困与心理健康之间可能存在相互的因果关系，沃兹沃思等（Wadsworth et al.，2008）认为贫困会通过贫困产生的压力源，如经济压力、家庭冲突和日常纠纷等，对个体的心理健康产生不利影响。长期在贫困中生活的个体更容易产生抑郁、焦虑、敌意等心理健康问题。而不良的心理健康状况也会使个体产生直接和间接的经济损失，如工作效率低下，甚至失业等，最终导致个体陷入贫困之中（Kleinman & Hall-Clifford，2009；徐富明和黄龙，2020）。现有研究在实证分析时，缺乏考虑个体心理特征与贫困之间的因果关系导致的内生性问题，因此估计结果可能有所偏差。

2.3　本章小结

本章主要在借鉴生计资本理论、压力过程模型、社会比较理论和适应性理论的基础上，对生计资本、心理健康、客观贫困和主观贫困的相关文献进行了系统梳理，为下文的实证分析奠定理论基础，并提供文献支撑。虽然对于贫困的相关研究已较为丰富，但研究仍有进一步发展的空间，如多维贫困和相对贫困的有机结合、多维贫困脆弱的识别，以及我国农户主观贫困的系统性研究等方面。

第3章　主观贫困、多维相对贫困的测度与特征分析

3.1　主观贫困的测度与特征分析

3.1.1　主观贫困的测度

对于主观贫困的衡量主要有三种方法：一是收入或消费评估法（IEQ），根据个体或家庭对自身（或自家）收入或消费的评价，构建收入效用函数或收入福利函数（WFI），由此产生的贫困线也被称为莱顿贫困线（LPL）。如果个人或家庭收入低于贫困线，则为主观贫困，否则主观不贫困（Van Praag，1971）。二是最低收入法（MIQ），即通过询问个体在当前情况下，其认为最低的家庭年（月）净收入水平，并借鉴范普拉格（Van Praag，1971）的收入福利函数产生贫困线，学者也将之称为主观贫困线（SPL）。三是以个体的生活满意度或幸福感表示（subject well-being poverty，SWB）。范普拉格和费雷里卡沃内利（Van Praag &

Ferrer-i-Carbonell，2008）基于"缺乏幸福"或"低于一定程度的满意度"的概念衡量主观贫困。如受访者对某一生活领域的满意度回答为1~10（数值越大，代表满意度越高），作者则将回答"1"~"4"的划分为主观贫困，而将回答"5"及以上的划分为主观不贫困。

在实证分析时，学者也常常对主观贫困的衡量进行不同程度的简化。基于不同的数据库和不同的衡量方法，主观贫困的结果也有所差异。古斯塔夫松等（Gustafsson et al.，2004）首次将主观贫困线（最低收入法）的衡量用于中国。基于1999年12个平均收入和人口规模不同的城市，共3370户城市居民样本，估计了三种不同的主观贫困线（基于三种不同规格的响应函数[①]）。结果显示，基于三个模型估计的主观贫困发生率分别为6.12%、7.15%、7.05%，与使用官方估算方法得到的结果（4.6%）相近。此外，不同城市的主观贫困发生率有很大差异，北京人认为的最低收入需要比其他城市高得多。郭君平等（2016）利用2013年实地调查数据，通过农户自报的家庭人均生活所需最低收入衡量农民的主观贫困状态。以农民自报的生活所需最低收入的下限值为主观贫困标准，若农户的人均纯收入低于主观贫困标准，则将农户划分为主观贫困群体，否则为主观不贫困群体。结

---

① 模型一只有家庭可支配收入和家庭规模被列入解释变量中；模型二在模型一的基础上添加了城市虚拟变量；模型三又添加了家庭成员年龄、失业家庭成员数量以及不健康家庭成员数量等变量。

果显示，约19%的农户处于主观贫困状态。王等（Wang et al.，2020）基于家庭的实际人均纯收入与其自报的所需最低收入之间的比较来识别居民的主观贫困状态，若家庭的实际人均纯收入低于其自报的所需最低收入，则为主观贫困，否则为主观不贫。结果显示，中国农村居民的主观贫困发生率约为44%，而客观贫困发生率分别为22%（2800元/人/年标准）和20%（1.9美元/人/天标准）。

也有学者基于个人或家庭的经济地位评价识别主观贫困，刘波等（2017）根据居民对问题"您家的家庭经济状况在所在地属于哪一档"的回答识别主观贫困，将回答"远低于平均水平"的居民识别为主观贫困群体，否则（"低于平均水平""平均水平""高于平均水平""远高于平均水平"）为主观不贫困群体。结果显示，2012年我国居民的主观贫困发生率约为6.7%，2013年约为4.6%。同样，田雅娟等（2019）根据居民对自身社会经济地位（在本地）的评价而判定居民是否主观贫困，如果居民对自身社会经济地位的评价为"下"，则识别为主观贫困群体，否则（"中下""中""中上""上"）为主观不贫困群体。结果显示，2015年我国居民的主观贫困发生率约为28%。马哈茂德等（Mahmood et al.，2019）同样利用受访者对自身经济地位的评价衡量了巴基斯坦居民的主观贫困状态。回答区间为1~10，将回答"1"和"2"的视为主观贫困，否则为主观不贫困。结果显示，巴基斯坦居民的主观贫困发生率约为28%。

借鉴以往学者对主观贫困的衡量方法，并根据数据的可得性①，本书采取三种标准衡量个体的主观贫困：一是幸福感标准；二是满意度标准；三是收入评价标准②，见表3－1。

表3－1　　　　　　　　　　农户主观贫困测度

变量	测量题项	定义	参考文献来源
幸福感标准	您觉得自己有多幸福	1～5，数值越大表示越幸福。将回答"1"和"2"的归为主观贫困群体，否则为主观不贫困群体	金登和奈特（Kingdon & Knight, 2006）；范普拉格和费雷里－卡沃内利（Van Praag & Ferrer-i-Carbonell, 2008）
满意度标准	您对自己生活的满意程度	1～5，数值越大表示满意度越高。将回答"1"和"2"的归为主观贫困群体，否则为主观不贫困群体	
收入评价标准	您给自己收入在本地的位置打几分	1～5，数值越大表示在本地位置越高。仅将回答"1"的归为主观贫困群体，否则为主观不贫困群体	刘波等（2017）；马哈茂德等（Mahmood et al., 2019）；田雅娟等（2019）

其中，对于幸福感标准，主要通过问题"您觉得自己有多幸福"来衡量，2010年答案为1～5，"1"表示非常不幸福，"5"表示非常幸福。将回答"1"和"2"的归为主观贫困群体，否则为主观不贫困群体。但是2014年和2018年的回答则为0～10，"0"代表最低，"10"代表最高。本书借鉴范普拉格和费雷里－

① 由于CFPS数据库没有个人或家庭所需的最低收入估计，因此，本书没有使用最低收入法（MIQ）测度农户的主观贫困，而主要使用了其他两种方法：IEQ和SWB方法。

② 由于2012年、2016年缺乏农户幸福感数据，在下文的分析中，对于2012年和2016年我们仅对满意度标准和收入评价标准衡量的主观贫困进行分析，而2010年、2014年、2018年则对三个标准衡量的主观贫困进行分析。

卡沃内利（Van Praag & Ferrer-i-Carbonell, 2008）的处理方式，将回答"0"~"4"的个体归为主观贫困群体，否则为主观不贫困群体；对于满意度标准，本书通过问题"您对自己生活的满意程度"来衡量，回答为1~5，"1"表示很不满意，"5"表示非常满意。将回答"1"和"2"的归为主观贫困群体，否则为主观不贫困群体；对于收入评价标准，本书通过个体对自己收入的打分来衡量，回答为1~5，"1"表示很低，"5"表示很高。由于个体对自己的收入存在一定的低估现象（具体讨论见第2章），本书仅将回答"1"的归为主观贫困群体，否则为主观不贫困群体，在一定程度上修正收入低估等对主观贫困衡量造成的偏差。

有学者可能指出，根据测量题项，三个标准测度的主观贫困仅代表了他们个人的主观评价，而无法代表他们整个家庭的主观评价。但金登和奈特（Kingdon & Knight, 2006）证明了家庭成员之间的幸福感、满意度等主观评价存在一定的相互依赖关系，个人的评价在一定程度上也可以代表整个家庭的一种态度。

3.1.2　农户主观贫困特征分析

3.1.2.1　农户主观贫困发展特征

本节测度了2010~2018年农户主观贫困发生率，见表3-2。从2010~2018年三个主观贫困标准衡量结果可以看出，主观不贫困群体仍然占了绝大比例，均在70%以上，幸福感标准衡量的主观不贫困群体的比例高达90%以上。

表3-2 2010~2018年农户主观贫困发生率

年份	幸福感标准		满意度标准		收入评价标准	
	主观不贫困	主观贫困	主观不贫困	主观贫困	主观不贫困	主观贫困
2010	12809 (90.27%)	1381 (9.73%)	12027 (84.76%)	2163 (15.24%)	9978 (70.32%)	4212 (29.68%)
2012	—	—	14023 (81.68%)	3145 (18.32%)	12836 (74.77%)	4332 (25.23%)
2014	12712 (93.01%)	956 (6.99%)	12515 (91.56%)	1153 (8.44%)	11341 (82.97%)	2327 (17.03%)
2016	—	—	11655 (87.28%)	1699 (12.72%)	10671 (79.91%)	2683 (20.09%)
2018	8458 (93.69%)	570 (6.31%)	8598 (95.24%)	430 (4.76%)	8126 (90.01%)	902 (9.99%)

资料来源：根据中国家庭追踪调查数据库（CFPS）数据整理所得。

不同衡量标准下，农户主观贫困发生率不同。因此，农户主观贫困发生率一定是与其衡量标准相对应的，不能简单地说某一地区/国家农户的主观贫困发生率为多少，应该说明在某衡量标准下，某一地区/国家农户的主观贫困发生率为多少。这与客观贫困发生率的说法是相似的，不同标准下衡量的贫困发生率是不同的。在三个衡量标准中，收入评价标准衡量的主观贫困发生率最高，均在9.99%及以上，满意度标准次之，而幸福感标准衡量的主观贫困发生率最低，均在10%以下。收入评价标准衡量的主观贫困发生率相对较高，可能是因为个体或家庭在进行收入评估时，会存在一定的低估现象（Kapteyn et al.，1988），也可能会受我们传统思想"财不外露"的影响，隐瞒自己的真实收入地位，而作出一种"谦虚"的回答。

总体来说，2010～2018年三个标准衡量的主观贫困发生率均有下降的趋势，幸福感标准衡量的主观贫困发生率从2010年的9.73%下降到2018年的6.31%；满意度标准衡量的主观贫困发生率由2010年的15.24%下降到2018年的4.76%；而收入评价标准衡量的主观贫困发生率则从2010年的29.68%下降到2018年的9.99%。

3.1.2.2 主观贫困农户的人口特征分析

在上文的基础上，本节进一步分析了主观贫困农户的特征，大致了解哪些农户可能更容易主观贫困，结果见表3-3。在性别（0＝女；1＝男）方面，幸福感标准和满意度标准衡量的主观贫困结果显示，主观贫困群体的性别均值稍大，说明相对于女性来说，男性会处于主观贫困状态的概率更大。这与李磊等（2017）的分析结果一致，可能与社会对男性的期望更高，男性面临的社会压力和责任更大有关。但是收入评价标准衡量的主观贫困结果显示，主观贫困群体的性别均值稍小，说明相对于男性来说，女性会处于主观贫困状态的概率更大。这可能是因为男性收入一般会高于女性收入，因此在收入评价时，男性的评价会相对较高，而女性对收入地位的评价则相对较低。根据2018年调查数据测算，农村女性的平均年收入仅为6485元，而男性的平均年收入为16042元。

表 3－3　　　　　　　　　　主观贫困的人口特征分析

指标	幸福感标准		满意度标准		收入评价标准	
	主观贫困	主观不贫困	主观贫困	主观不贫困	主观贫困	主观不贫困
2010 年						
性别	0.54	0.50	0.53	0.50	0.41	0.54
年龄（岁）	47.84	45.63	44.77	46.03	48.53	44.71
收入水平（元）	4938.73	7265.92	5357.70	7341.89	5697.19	7606.03
家庭规模（人）	4.15	4.34	4.24	4.34	4.26	4.35
2012 年						
性别	—	—	0.51	0.49	0.44	0.51
年龄（岁）	—	—	45.24	44.59	48.13	43.56
收入水平（元）	—	—	8247.07	10278.20	7987.91	10560.18
家庭规模（人）	—	—	4.26	4.45	4.23	4.47
2014 年						
性别	0.52	0.50	0.52	0.50	0.42	0.52
年龄（岁）	48.56	45.36	45.98	45.54	48.67	44.95
收入水平（元）	8493.96	10792.56	9302.28	10754.28	9110.10	10944.02
家庭规模（人）	4.15	4.32	4.05	4.33	4.09	4.35
2016 年						
性别	—	—	0.54	0.51	0.46	0.52
年龄（岁）	—	—	44.34	45.83	48.66	44.88
收入水平（元）	—	—	11950.62	13100.13	11049.65	13432.66
家庭规模（人）	—	—	4.22	4.34	4.25	4.35
2018 年						
性别	0.50	0.51	0.54	0.51	0.49	0.51
年龄（岁）	48.91	47.52	46.39	47.67	49.98	47.34
收入水平（元）	12416.25	13531.21	14712.14	13398.24	11264.92	13704.57
家庭规模（人）	4.11	4.24	4.31	4.23	4.07	4.25

资料来源：根据中国家庭追踪调查数据库（CFPS）数据整理所得。

在收入水平方面，三个标准衡量的主观贫困结果均显示，主观贫困群体收入较低，而主观不贫困群体收入较高，说明收入越高，在一定程度上可以降低农户的主观贫困概率。

在家庭规模方面，三个标准衡量的主观贫困结果均显示，主观贫困群体的家庭规模稍小于主观不贫困群体的家庭规模，说明家庭规模越大，主观贫困概率越小。这可能是因为家庭规模经济的存在使得规模较大家庭的人均消费越低，人均收入给定的情况下，规模较大的家庭相对来说有更多的收入满足家庭的各种需求，主观贫困的概率也越低。

在年龄方面，收入评价标准衡量的主观贫困结果显示，主观贫困群体的平均年龄较大，而主观不贫困群体的年龄相对稍小，说明年龄越大，农户主观贫困的概率越高。但幸福感和满意度标准衡量的主观贫困结果则没有明显的特征。

因此，本书再次将样本按年龄进行划分，分析了各年龄段的主观贫困情况。表 3 - 4 显示了 2014 年、2016 年、2018 年各年龄段的主观贫困发生率。

表 3 - 4　　　　　　　不同年龄段的农户主观贫困发生率

年龄（岁）	2014 年（%）			2016 年（%）			2018 年（%）	
	幸福感标准	满意度标准	收入评价标准	幸福感标准	满意度标准	收入评价标准	满意度标准	收入评价标准
16 ~ 20	2.62	4.45	14.92	4.12	5.72	15.77	1.83	6.86
21 ~ 30	4.01	8.50	14.42	4.45	13.54	15.09	5.18	7.64

年龄（岁）	2014 年（%）			2016 年（%）			2018 年（%）	
	幸福感标准	满意度标准	收入评价标准	幸福感标准	满意度标准	收入评价标准	满意度标准	收入评价标准
31 ~ 40	7.44	9.72	13.50	6.41	16.56	17.89	5.80	9.35
41 ~ 60	8.16	8.70	15.84	7.23	13.56	20.31	5.55	10.09
61 ~ 70	7.77	7.91	22.43	5.65	10.54	24.22	3.47	11.18
>70	7.32	8.45	26.80	6.80	7.75	28.83	2.75	13.33

资料来源：根据中国家庭追踪调查数据库（CFPS）数据整理所得。

从表 3 - 4 中可以看出，年龄与农户主观贫困发生率之间可能并不是线性的关系，并且这种非线性的关系在幸福感标准和满意度标准衡量的主观贫困上更为明显。幸福感标准和满意度标准衡量的主观贫困结果显示，随着年龄的上升，主观贫困发生率呈现先上升后下降的趋势。其中，幸福感标准衡量的农户主观贫困概率在 41 ~ 60 岁的年龄段最大，而满意度标准衡量的农户主观贫困概率在 31 ~ 40 岁的年龄段最大，41 ~ 60 岁年龄段次之，说明在人生的中间阶段（31 ~ 60 岁），农户主观贫困的概率相对较高，而在早年阶段和老年阶段，主观贫困的概率较低。30 岁（左右）以前，个体的身体素质处于最好的状态，有较多的工作机会和劳动收入。并且在这个阶段，父母的年龄也不大，还可以获得劳动收入，没有赡养父母的压力，反而父母也可以为其提供帮助。因此，在这个阶段，个体对生活水平的评价也相对较高。但是，在 40 岁左右，工作的压力、小孩的出生与养育，以及赡养父母的压力等都随之而来，收支平衡能力减弱。因此，在这个阶段，个体对生活水平的评价也相对较低。在老年阶段，虽然收入较低，但是有孩子的帮扶，并且在这个阶段，个体对生活的需求或要求也没有之前那么高。因此，对生活水平也有一个不错的评价。

2016 年、2018 年收入评价标准衡量的主观贫困结果则没有体现出这种非线性关系，相反体现的是一种线性关系，随着年龄的增大，主观贫困的概率也随之提高，但这种线性特征在 2014 年的结果中却没有很好地体现，主观贫困概率随年龄的增大而呈现出先下降后上升的趋势。综上所述，年龄和主观贫困之间可能存在一定的非线性关系。因此，在下文的三种标准衡量的主观贫困回归分析中，我们也加入了年龄平方项作为主观贫困的解释变量。

3.1.2.3 农户主观贫困的地区差异

本节主要比较了主观贫困的地区差异。依据《中国农村贫困监测报告（2019）》中的地区划分，将调研对象所在地划分为东部、中部、西部三个地区。① 在此基础上，分析了三个地区农户主观贫困的差异，见表 3－5。

---

① 东部地区包括北京市、天津市、河北省、上海市、江苏省、浙江省、福建省、山东省、广东省、海南省；中部地区包括山西省、辽宁省、吉林省、黑龙江省、安徽省、江西省、河南省、湖北省、湖南省；西部地区包括重庆市、四川省、贵州省、云南省、西藏自治区、陕西省、甘肃省、青海省、宁夏回族自治区、新疆维吾尔自治区、广西壮族自治区、内蒙古自治区。

表 3-5　　　　　　　　主观贫困的地区差异　　　　　　单位:%

年份	幸福感标准			满意度标准			收入评价标准		
	东部	中部	西部	东部	中部	西部	东部	中部	西部
2010	9.07	8.31	11.85	15.87	14.49	15.49	28.24	30.21	30.40
2012	—	—	—	17.43	17.77	19.74	25.01	26.18	24.36
2014	5.31	5.38	10.59	8.50	7.56	9.47	16.72	18.37	15.62%
2016	—	—	—	12.40	12.52	13.24	19.13	21.50	19.31
2018	5.32	4.85	8.82	4.62	4.24	5.48	10.65	9.64	9.84

资料来源：根据中国家庭追踪调查数据库（CFPS）数据整理所得。

总体来看，幸福感标准和满意度标准衡量的主观贫困结果显示，2010~2018 年，西部地区农户的主观贫困发生率是最高的（仅 2010 年满意度标准衡量的主观贫困结果例外），而中部和东部地区农户的主观贫困发生率相对较低。西部地区经济发展相对比较落后，基础设施不完善，拥有的幸福资源相对缺乏，降低了农户的满意度和幸福感（吕雁琴和邱康权，2020）。东部地区经济发展最好，2018 年家庭人均纯收入约 28045 元，远高于中部和西部地区的 17779 元和 12446 元。但在达到一定的物质富裕水平后，人们会对生活的社会环境和对生活的满意度趋于平稳甚至下降的可能性变得越来越敏感（Morrison，2011）。当生活水平长时间不变或稍有下降，农户的幸福感和满意度都会受到影响。因此，东部地区农户的幸福感和满意度也不是最高的。

而收入评价标准衡量的主观贫困结果则没有明显的地区差异特征。从 2010~2018 年各地区主观贫困发生率的均值来看，中部和东部地区农户的主观贫困发生率相对较高，西部地区农户的主观贫困发生率相对较低，即中部和东部地区农户对自身收入的评价较低，而西部地区农户对自身收入的评价相对较高。这个可能与各地区的生活成本有关，相对中部和东部地区，西部地区估算的家庭所需最低收入也是最低的（丁赛和李克强，2019）。在相同的收入下，生活成本越低，农户对收入的评价也会越高。

3.2 多维相对贫困的识别、指标选取与特征分析

3.2.1 多维相对贫困的识别——基于"A-F"方法

多维相对贫困主要是指贫困人口在教育、医疗、住房、社会地位、发展机会等方面仍处于相对缺乏的状态。对于多维相对贫困的识别，本书主要运用阿尔凯尔和福斯特（Alkire & Foster，2011）提出的多维贫困识别方法。不同的是，本书在多维相对贫困识别临界值的选择上部分运用了相对贫困线，同时考虑了多维相对贫困的绝对性和相对性。

设个体 i 在第 j 个福利指标的观测值为 y_{ij}，$i = 1$，2，3，…，N，$j = 1$，2，3，…，M。"A-F"方法对多维贫困的识别主要有两步：一是对单个福利指标的剥夺识别；二是多维贫困的识别，

其临界值分别为 z 和 k。

首先，单个福利指标的剥夺识别。设 g_{ij}^0 表示个体 i 在第 j 个福利指标的剥夺状态，z_j 为第 j 个福利指标的剥夺临界值。当 $y_{ij} < z_j$ 时，$g_{ij}^0 = 1$，即个体 i 在第 j 个福利指标上被剥夺，否则 $g_{ij}^0 = 0$，即个体 i 在第 j 个福利指标上没有被剥夺。

$$g_{ij}^0 = \begin{cases} 1, & y_{ij} < z_j \\ 0, & y_{ij} \geqslant z_j \end{cases} \qquad (3-1)$$

其次，多维相对贫困的识别。由于不同的个体在每个福利指标上的剥夺状态不同，处于被剥夺状态的福利指标个数也不同，有些个体可能仅在一个指标上处于被剥夺状态，而有些个体可能在所有的福利指标上均处于剥夺状态。并且，各个福利指标对多维贫困衡量的重要性也不同，如何在单维剥夺识别的前提下，衡量个体的多维相对贫困状态？

设 $\rho_i(k)$ 表示个体 i 在临界值 k 下的多维相对贫困状态。w 为福利指标的权重向量，w_j 表示第 j 个福利指标的权重，$\sum\limits_{j=1}^{M} w_j = 1$。$c_i$ 表示个体 i 的剥夺分数（即被剥夺程度）：$c_i = \sum\limits_{j=1}^{M} w_j g_{ij}^0$，$c_i \in [0, 1]$。当个体 i 的剥夺分数大于临界值 k 时，即为多维相对贫困，$\rho_i(k) = 1$，否则为多维相对不贫困（以下简称"多维不贫困"），$\rho_i(k) = 0$。

$$\rho_i(k) = \begin{cases} 1, & c_i \geqslant k \\ 0, & c_i < k \end{cases} \qquad (3-2)$$

在识别出个体 i 的多维相对贫困状态之后，我们就可以进一步计算包含更多信息的贫困指数。

$q = \sum_{i=1}^{N} \rho_i(k)$ 即为被识别为多维相对贫困的人口数量。$H = q/N$ 为被识别为多维相对贫困的人口数量占人口总数的比例，即多维相对贫困发生率。

c_i 表示所有个体 i 的剥夺分数，那么 $c_i(k) = \rho_i(k)c_i$ 则仅表示多维相对贫困个体 i 的剥夺分数，多维不贫困个体的剥夺分数则为 0。$A = \dfrac{\sum_{i=1}^{N} c_i(k)}{q}$ 代表多维相对贫困群体的平均被剥夺分数（程度）。

$M_0 = H \times A$ 即为多维相对贫困指数 MPI，综合了多维相对贫困发生率和贫困人口平均贫困程度的信息。

3.2.2 多维相对贫困的指标选取

对于多维相对贫困指标的选取，学界并没有严格的界定，不同的学者采用的维度和指标稍有不同。比较有影响力的是牛津贫困与人类发展组织（OPHI）在测量全球贫困指数时的指标选取，2018 年包括健康、教育和生活水平三个维度共 10 个具体指标（见附录 A）（OPHI，2018）。在具体指标和剥夺临界值方面，各年也会有所调整，如在教育年限指标中，新的标准要求受教育年限不足 6 年的为剥夺，而不再是 5 年；在营养方面，现在也考虑儿童发育不良和特定年龄的 BMI 值。学者在分析个体或家庭的多维贫困状态时，也多会参考 OPHI 的指标体系，并根据研究对象稍有调整，如有的学者在此基础上加入了家庭收入、就业等指标。本书也参考了以往学者的指标选取，最终选取了收入、教育、健康、医疗保险、生活水平 5 个维度共 11 个具体指标。

　　考虑到本书的研究时间为 2010～2018 年，还未完全解决绝对贫困问题，在临界值的选择上，我们既考虑了多维相对贫困的相对性，也考虑了其绝对性，以初步探索农户的多维相对贫困特征。例如，家庭资产是农户生活水平的重要体现，家庭资产这一指标临界值的选择具有较大的不确定性。多数学者根据家庭是否有其罗列的资产判断，但是这种判断主观性较强，并且不同学者罗列的资产也不同，也代表了农户的不同生活水平。在此判断下，学者测度的多维贫困也会有较大差异。因此，在家庭资产指标上，本书利用相对贫困线，将家庭耐用消费品价值低于中位数 50% 的视为剥夺，能够更好地体现农户的相对生活水平。但在其他指标上，如儿童辍学、医疗保险、家庭用电、家庭住房等指标，本书将其视为农户的基本权利，保留了其绝对性。对于权重的设定，本书将不同的维度设置相等的权重，在同一维度内，不同的指标也设置为相等的权重，但权重的总和为 1，见表 3 - 6。

表 3 - 6　　　　　　　多维相对贫困的维度、指标、临界值

维度	指标	临界值	权重
收入（1/5）	家庭人均纯收入	家庭人均纯收入在贫困线（各年可能不同）以下为剥夺	1/5
教育（1/5）	成人平均教育	成人（≥16 岁）平均最高学历在初中以下为剥夺	1/10
	儿童辍学	家庭有适龄儿童（＜16 岁）辍学的为剥夺	1/10
健康（1/5）	成人自评健康	家庭有 16 岁及以上成人自评健康为差的为剥夺	1/10
	儿童营养不良	家庭有儿童（＜16 岁）营养不良的为剥夺	1/10
医疗保险（1/5）	医疗保险	家庭成员有人没有任何医疗保险的为剥夺	1/5
生活水平（1/5）	家庭做饭用水	不是自来水或桶装水/纯净水/过滤水的为剥夺	1/25
	家庭做饭燃料	做饭燃料主要为柴草、煤炭的为剥夺	1/25
	家庭用电	家庭没有通电的为剥夺	1/25
	家庭住房	明确表示有住房困难，或者家庭现人均住房面积小于 12 平方米，并且没有其他房产的为剥夺	1/25
	家庭资产	家庭耐用消费品价值低于中位数 50% 的为剥夺	1/25

其中，对于收入维度，本书用家庭人均纯收入指标表示，数据来源于 CFPS 的家庭数据库。家庭人均纯收入低于当年贫困线的为剥夺，否则为没有被剥夺。我国的贫困标准主要有 3 个，包

括 1978 年标准（100 元）、2008 年标准（1196 元）和 2010 年标准（2300 元）。本书主要根据 2010 年贫困标准，按照低收入群体的消费价格指数计算各年的现行贫困线，其中 2010 年贫困线为 2300 元，2012 年、2014 年、2016 年、2018 年的贫困线分别为 2625 元、2800 元、2952 元、2995 元。

家庭成人（≥16 岁）平均教育。成人已完成的最高学历平均在初中以下为剥夺，否则为没有被剥夺，数据主要根据 CFPS 的成员数据库计算所得。

儿童辍学。家庭有适龄儿童（＜16 岁）辍学的为剥夺，否则为没有被剥夺，数据主要根据 CFPS 的成员数据库与少儿数据库计算所得。成员数据库的数据较全，但仅有已完成的最高学历数据（教育年限数据不全），其并不能很好地反映出儿童的辍学情况，如正在上小学的学生，其完成的最高学历却为"文盲"。因此，仅根据已完成的最高学历指标无法准确衡量适龄儿童的辍学情况，本书则根据儿童的年龄和学历情况综合判断儿童的辍学情况。对于上学的年龄，各地区规定并不一致，一般为 6 周岁或 7 周岁。义务教育的学制各地也不同，包括"九年一贯"制、"6＋3"学制、"5＋4"学制。基于此，完成小学教育的最小年龄为 11 岁，最大年龄为 13 岁，一般年龄为 12 岁；完成初中教育的最小年龄为 15 岁，最大年龄为 16 岁。因此，本书将 13 岁及以下便获得小学学历的儿童判断为没辍学；将 15 岁及以下获得初中学历的儿童也判断为没有辍学；将 13 岁及以上还未获得小学学历的适龄儿童判断为辍学。对于少儿数据库，根据"是否在上学"问题能够很好地判断儿童是否辍学，但是数据有缺失。因此，本书综合两个数据库的数据，综合判断适龄儿童的辍学情况。

成人自评健康。家庭有 16 岁及以上成人自评健康为差的为剥夺，否则为没有被剥夺，数据主要根据 CFPS 的成员数据库计算所得。

儿童营养不良。家庭有儿童（＜16 岁）营养不良的为剥夺，否则为没有被剥夺，数据主要来源于少儿数据库。对于没有儿童（＜16 岁）的家庭，则没有被剥夺。对于有儿童的家庭，本书根据中华人民共和国国家卫生和计划生育委员会发布的《学龄儿童青少年营养不良筛查》和《5 岁以下儿童生长状况判定》来判定儿童的营养不良情况（见附录 B）。其中，6～16 岁儿童主要根据其身体质量指数（BMI）来衡量，若身体质量指数属于消瘦范围，则为营养不良。0～5 岁儿童主要根据其身高和体重判断其是否营养不良，如果 5 岁以下儿童的年龄段身高（发育迟缓）或年龄段体重（体重不足）的 Z 得分低于参考人群中位数的两个标准差，则被认为营养不良。

医疗保险。有家庭成员没有任何医疗保险的为剥夺，否则为没有被剥夺，数据主要来源于 CFPS 的少儿数据库和成人数据库。

生活水平。家庭做饭用水、家庭做饭燃料、家庭用电、家庭住房、家庭资产数据均来源于 CFPS 的家庭经济数据库。其中，家庭做饭用水主要是江河湖水、井水、雨水、窑水、池塘水或山泉水的为剥夺，是自来水、桶装水、纯净水或过滤水的为没有被剥夺；家庭做饭燃料主要是柴草、煤炭的为剥夺，是天然气、沼气、液化气或电的为没有被剥夺；家庭没有通电的为剥夺；家庭明确表示有住房困难，如老少三代同住一室、12岁以上的异性子女同住一室、有的床晚上架起白天拆掉等，或者家庭现人均住房面积小于12平方米，并且没有其他房产的为剥夺；在家庭资产方面，本书用家庭耐用消费品价值表示，将家庭耐用消费品价值低于中位数50%的视为剥夺，这也与相对贫困的概念相联系。

表3-7显示了2010~2018年农户多维相对贫困各维度各指标的被剥夺情况。从表中可以看出，除成人健康、家庭用电、家庭资产外，其余各指标的被剥夺比例均呈现出波动下降的趋势，而成人健康和家庭用电的被剥夺比例则从2016年也呈现下降趋势，说明农户的多维相对贫困情况总体有所好转。在具体指标上，农户在成人教育、成人健康、家庭做饭用水、家庭做饭燃料、家庭资产方面被剥夺比较严重，被剥夺比例均在30%以上，即有30%以上的农户在以上方面被剥夺。其中，成人教育被剥夺比较严重，有60%以上的农户其家庭成人平均教育水平在初中以下。其次为儿童营养剥夺和医疗保险剥夺，被剥夺比例均在13%以上，家庭收入和家庭住房剥夺比例多在5%以上，而儿童辍学和家庭用电方面的被剥夺比例最低，均在5%以下，且多在2%以下。

表 3－7　　　　　　多维相对贫困各维度被剥夺比例　　　　单位:%

指标	2010 年	2012 年	2014 年	2016 年	2018 年
家庭收入剥夺	20.65	17.43	17.16	8.05	5.80
成人教育剥夺	77.18	66.23	61.86	68.82	66.48
儿童辍学	4.57	1.90	1.65	1.24	0.92
成人健康剥夺	25.11	41.96	37.84	38.57	38.45
儿童营养不良	24.41	20.89	19.06	17.62	13.69
医疗保险剥夺	24.64	41.06	32.19	21.97	19.74
家庭做饭用水剥夺	53.09	48.35	41.10	33.26	31.34
家庭做饭燃料剥夺	62.05	50.79	47.48	41.88	37.15
家庭用电剥夺	0.63	0.27	0.18	1.37	0.79
家庭资产剥夺	25.62	24.57	26.19	26.33	32.82
家庭住房剥夺	7.55	14.33	15.80	5.09	4.31

资料来源:根据中国家庭追踪调查数据库（CFPS）数据整理所得。

3.2.3　多维相对贫困的特征分析

"A-F"方法中,k 为多维相对贫困的临界值,$k \in (0, 1]$,更确切的应该是 $k \in [\min (w_j), 1]$。$k = \min (w_j)$、$k = 1$ 是两种极端情况,$k = \min(w_j)$ 表示个体至少在权重最低福利指标上处于被剥夺状态时,我们就将其识别为多维相对贫困;而 $k = 1$ 则表示个体在所有的福利指标上均被剥夺时,我们才将其识别为多维相对贫困。本书则选取 $k = 1/3$ 作为多维相对贫困的临界值,即当个体 i 的剥夺分数大于临界值的 $1/3$ 时,即为多维相对贫困,否则为多维不贫困。此外,牛津贫困与人类发展组织（OPHI）

还将 $k=1/2$ 作为严重多维贫困的临界值，即当个体 i 的剥夺分数大于临界值的 $1/2$ 时，即为严重多维相对贫困。

基于以上指标和衡量方法，本节计算了 2010～2018 年农户的多维相对贫困情况，见表 3－8。

表 3－8　　　　　农户多维相对贫困指数特征

指标	2010 年	2012 年	2014 年	2016 年	2018 年
多维相对贫困人口（人）	5111	7258	4827	3116	1700
多维相对不贫困人口（人）	9079	9910	8841	10238	7328
多维相对贫困发生率 H（%）	36.02	42.28	35.32	23.33	18.83
严重多维相对贫困发生率（%）	13.04	14	10.04	5.45	3.91
严重多维相对贫困人口占多维相对贫困人口的比例（%）	36.20	33.11	28.43	23.36	20.76
多维相对贫困强度 A	0.4845	0.4728	0.4574	0.4451	0.4395
多维相对贫困指数 MPI	0.1745	0.1999	0.1615	0.1039	0.0828
样本数	14190	17168	13668	13354	9028

资料来源：根据中国家庭追踪调查数据库（CFPS）数据整理所得。

总体来看，我国农户的多维相对贫困情况还有改善的空间。2018 年还有 18.83% 的农户处于多维相对贫困状态，其中 20.76% 的农户处于严重多维相对贫困状态。但从时间维度来看，2010～2018 年农户的多维相对贫困情况明显有所好转，各多维相对贫困指数均呈现出下降的趋势。其中，多维相对贫困的发生率和严重多维相对贫困的发生率均有较大幅度的下降，分别从 2010 年的 36.02%、13.04% 下降至 2018 年的 18.83%、3.91%；严重多维相对贫困人口占多维相对贫困人口的比例（严重多维相

对贫困发生率/多维相对贫困发生率）从 2010 年的 36.20% 下降
至 2018 年的 20.76%。但是，多维相对贫困的强度下降幅度相对
较低，从 2010 年的 0.4845 下降至 2018 年的 0.4395；多维相对
贫困指数 MPI 从 2010 年的 0.1745 下降至 2018 年的 0.0828。
综上所述，多维相对贫困指数的下降有赖于多维相对贫困人口
比例（发生率）的下降，而贫困人口的贫困程度仍然有待进一
步改善。

本节还计算了不同地区农户的多维相对贫困情况，见表 3 -
9。从表 3 - 9 中可以看出，西部地区的多维相对贫困发生率、严
重多维相对贫困发生率均是最高的，2010 年高达 46.64%，2018
年仍有 21.47% 的农户处于多维相对贫困状态。其次为中部地
区，而东部地区的多维相对贫困发生率最低，2018 年降至
16.16%；西部地区严重多维相对贫困人口占多维相对贫困人口
的比例也是最高的，2010 年高达 42.90%，2018 年仍有
22.59%。以上说明，西部地区农户的多维相对贫困情况最为严
重，不仅处于多维相对贫困状态的农户比例较高，且处于严重多
维相对贫困状态的农户比例也较高。

表 3 - 9　　　　多维相对贫困发生率的地区差异　　　　单位:%

地区	指标	2010 年	2012 年	2014 年	2016 年	2018 年
东部地区	多维相对贫困发生率	26.67	36.33	30.43	17.96	16.16
	严重多维相对贫困发生率	7.44	10.78	7.23	3.03	2.58
	严重多维相对贫困人口占多维相对贫困人口的比例	27.90	29.67	23.76	16.87	15.97

续表

地区	指标	2010年	2012年	2014年	2016年	2018年
中部地区	多维相对贫困发生率	33.83	41.79	32.85	22.45	18.49
	严重多维相对贫困发生率	11.17	11.14	8.31	4.450	4.06
	严重多维相对贫困人口占多维相对贫困人口的比例	33.02	26.66	25.30	19.82	21.96
西部地区	多维相对贫困发生率	46.64	48.13	42.97	29.23	21.47
	严重多维相对贫困发生率	20.01	20.11	14.83	8.81	4.85
	严重多维相对贫困人口占多维相对贫困人口的比例	42.90	41.78	34.51	30.14	22.59

资料来源：根据中国家庭追踪调查数据库（CFPS）数据整理所得。

本节还计算了不同家庭规模农户的多维相对贫困情况，结果见表3-10。按照家庭规模将农户划分为一口之家、两口之家、三口之家、四口之家、五口之家、六口之家，以及七口及以上家庭，分析了不同家庭规模农户的多维相对贫困发生率情况。从表3-10中可以看出，随着家庭规模的增大，除2016年外，2010年、2012年、2014年、2018年农户多维相对贫困的概率均呈现出先下降后上升的趋势，且三口之家的多维相对贫困发生概率最低，2018年约12.83%。而2018年，一口之家和两口之家的多维相对贫困发生率分别为15.26%、13.75%，四口之家、五口之间、六口之家、七口及以上家庭农户的多维相对贫困发生率分别为14.48%、21.10%、25.19%、33.86%。

表3-10　　　**不同家庭规模农户的多维相对贫困发生率**　　　单位：%

家庭规模	2010年	2012年	2014年	2016年	2018年
一口之家	26.67	41.82	22.78	14.75	15.26
两口之家	23.89	32.57	26.88	15.34	13.75

家庭规模	2010 年	2012 年	2014 年	2016 年	2018 年
三口之家	18.47	24.23	22.33	15.35	12.83
四口之家	31.84	36.44	30.29	21.77	14.48
五口之家	41.91	48.16	40.56	24.27	21.10
六口之家	53.94	56.44	46.54	28.64	25.19
七口及以上家庭	63.67	67.74	59.89	44.18	33.86

资料来源：根据中国家庭追踪调查数据库（CFPS）数据整理所得。

这可能是因为家庭规模经济的存在，随着家庭规模的增大，家庭人均消费会有所降低，从而有更多的资源满足其各方面的需要（Wagle，2007）。毕晓普等（Bishop et al.，2006）利用中国1988 年、1995 年的 CHIP 数据库分析，指出两个成人所需要的收入约是一个成人的 1.54 倍或 1.59 倍；两个成人和一个孩子所需要的最低收入是一个成人的 1.77 倍；四个及以上的成人所需要的最低收入是一个成人的 2.38 倍。同样，我们根据 2018 年样本数据测算，一口之家的人均消费性支出高达 33000 元，两口之家和三口之家的人均消费性支出在 17000 元左右，四口之家和五口之家的人均消费性支出在 13000 多元，六口之家和七口之家的人均消费性支出均在 10000 元以上，而八口之家和九口之家的人均消费性支出均在 10000 元以下。但是，随着家庭规模的增大，家庭抚养比也可能随之增大，增加了农户多维相对贫困的概率。根据 2018 年样本数据测算，两口之家的抚养比为 0.27，三口之家的抚养比为 0.42，四口之家的抚养比为 0.54，五口之家的抚养比为 0.76，而六口及以上家庭的抚养比多在 1.0 以上。因此，综合来看，三口之家处于多维相对贫困的概率最低。

进一步地，本节也考察了不同家庭结构农户的多维相对贫困发生率差异情况。在我们的样本中，没有仅有老人和仅有小孩的家庭。因此，本节将家庭结构划分为无老人无小孩家庭、有老人无小孩家庭、无老人有小孩家庭，以及有老人也有小孩家庭四种，四种家庭结构对应的农户多维相对贫困发生率结果见表 3 – 11。

表 3 – 11　　　　**不同家庭结构农户的多维相对贫困发生率**　　　单位:%

家庭结构	2010 年	2012 年	2014 年	2016 年	2018 年
无老人无小孩家庭	10.65	17.79	17.72	12.30	9.27
有老人无小孩家庭	20.53	32.61	25.58	23.76	17.05
无老人有小孩家庭	48.36	50.83	41.87	23.52	19.10
有老人也有小孩家庭	53.01	61.07	49.41	32.08	26.08

资料来源：根据中国家庭追踪调查数据库（CFPS）数据整理所得。

从表 3 – 11 中可以看出，无老人无小孩家庭的多维相对贫困发生率是最低的，2018 年为 9.27%，而有老人也有小孩家庭的多维相对贫困发生率是最高的，2018 年为 26.08%。无老人有小孩家庭的多维相对贫困发生率也是较高的，高于有老人无小孩家庭的多维相对贫困发生率，说明相对于赡养老人来说，抚养小孩更难，更容易导致家庭陷入多维相对贫困。这可能是因为，相对于小孩来说，老人的需求和消费都是较低的，每月还可以领取一定的养老金。并且，农村老人还有土地作为基本保障，身体状况良好的老人还可以依靠土地自力更生。但是，小孩一般没有任何收入来源，并且日常需求也很多，如穿衣、饮食、教育等。在教育方面，主要是较高的培训费用，如思维培训、体育培训、艺术培训等。因此，相较于赡养老人来说，抚养小孩会带给家庭更大的压力。

3.3　本章小结

本章主要识别农户的主观贫困和多维相对贫困状态，并对其特征进行分析。首先，详细介绍了主观贫困的测度方法及其运用。在此基础上，选择农户主观幸福感、生活满意度和收入评价三个标准衡量农户的主观贫困状态。并基于 CFPS 数据库考察了 2010～2018 年我国农户的主观贫困概况，比较了主观贫困农户和主观不贫困农户的特征差异。其次，借鉴相关文献，构建多维相对贫困指标体系，并利用 "A-F" 方法识别农户的多维相对贫困状态，测度了我国农户多维相对贫困的广度和强度水平等特征。研究结果有以下两个方面。

（1）不同衡量标准下，农户主观贫困发生率不同。在主观幸福感、生活满意度和收入评价三个衡量标准中，收入评价标准衡量的主观贫困发生率最高，均在 9.99% 及以上，生活满意度标准次之，而幸福感标准衡量的主观贫困发生率最低，均在 10% 以下。2010～2018 年，三个标准衡量的主观贫困发生率均有下降的趋势，说明我国农户主观贫困情况也处于不断好转之中。主观贫困农户和主观不贫困农户特征有明显差异。主观贫困群体一般收入较低、家庭规模较小，而年龄和主观贫困之间可能存在非线性关系。

（2）在本书多维相对贫困概念下，2010～2018 年我国农户的多维相对贫困情况明显有所好转，各多维相对贫困指数均呈现出下降的趋势，但还有完善的空间。2018 年我国还有 18.83% 的农户处于多维相对贫困状态。从地区比较来看，相对于中部地区和东部地区，西部地区农户的多维相对贫困情况最为严重。从不同家庭规模农户的多维相对贫困发生情况来看，随着家庭规模的增大，农户多维相对贫困的概率呈现出先下降后上升的趋势，三口之家的多维相对贫困发生概率最低。从不同家庭结构农户的多维相对贫困发生率差异来看，相对于赡养老人来说，抚养小孩更难。

第4章 多维相对贫困静态特征对农户主观贫困的直接影响

科查（Koczan，2016）认为，主观贫困是个体根据其在收入、教育、医疗、养老、未来收入预期等方面的整体状况，而对自身是否处于贫困状态的主观上的评价。从此定义来看，个体是否主观贫困是基于自身的一些客观条件而作出的评价。因此，这些客观条件对个体是否主观贫困可能存在一定的影响作用。

对于客观贫困与主观贫困关系的探讨也比较丰富。最初对于客观贫困的衡量是单维的，即主要依据农户的收入或消费衡量，因此，关于收入对主观贫困的研究也是十分丰富的。费雷里－卡沃内利和范普拉格（Ferrer-i-Carbonell & Van Praag，2001）考察了俄罗斯家庭收入和主观贫困的关系，文中主观贫困包括根据主观财务满意度、莱顿贫困线（基于 IEQ 问题）、主观幸福感三个标准衡量的主观贫困。其中，幸福感标准衡量的主观贫困率比财务满意度标准和莱顿贫困线衡量的主观贫困率低得多。研究结果

表明，收入越高的个体报告的 SFS（财务满意度）值越大，主观
幸福感（SWB）的收入系数也非常显著且较大，说明收入是俄
罗斯家庭主观贫困的一个重要预测因素。迪纳和比斯瓦斯 - 迪纳
（Diener & Biswas-Diener，2002）对收入和主观幸福之间的关系
做了一个综述研究，表明学者对收入与主观幸福的关系大多持有
这样的一个观点，即收入对主观幸福有一定的影响，但这种影响
是有限的。收入只有在帮助人们满足基本需求的情况下才能增强
主观幸福感。随着收入的提高，他们的物质欲望也会随之增加，
因此收入对主观幸福感的提升还取决于人们的收入能够满足的物
质欲望数量。长期来看，收入对主观幸福感的影响是有限的。但
是，收入又是一个重要且不可忽略的预测因素，在控制了其他影
响因素之后，收入对主观幸福的直接影响仍然是显著的。

　　除直接研究收入与主观贫困的关系之外，学者还根据收入
（或消费）将个体划分为贫困群体和不贫困群体，进而研究不同
贫困群体的主观贫困差异。莱韦尔（Lever，2004）依据墨西哥
家庭的消费水平将家庭贫困类型划分为极度贫困、中等贫困和不
贫困，并考察了这三个社会经济群体的主观幸福感差异。若家庭
的消费水平在贫困线以下，则为极端贫困；若家庭的消费水平在
贫困线的 2 倍以下，则为中等贫困；否则，为不贫困。书中的贫
困线指的是食物贫困，衡量的是个人是否有足够的收入来获得最
低限度的营养满足（平均人数为 4.4 人的家庭每月消费 265.83
美元或以下，即被认为生活在极端贫困中）。研究结果表明，几

乎所有的主观幸福感因素在统计上的显著差异都与受试者所属的社会经济群体有关，处于极端贫困的受试者报告的主观幸福感最低。西蒙娜 – 穆萨（Simona-Moussa，2020）根据瑞士社会援助会议确定的官方贫困线（客观贫困线），将居民分为贫困群体和不贫困群体，探讨了瑞士客观贫困与主观幸福之间的关系。研究结果表明，相对于不贫困的群体来说，贫困群体和易受贫困（贫困脆弱）群体的主观幸福感均较低。罗德里格斯 – 阿尔瓦雷斯等（Rodriguez-Alvarez et al.，2019）利用无差异曲线建模分析了燃料贫困和一般贫困对主观幸福的影响。其中，燃料贫困是指家庭难以维持足够的温度，以及缺乏其他必要的能源服务，如用电、燃气等。① 一般贫困指个人或家庭在某一特定时间点无法负担社会中典型的消费品和活动。研究结果表明，控制一般贫困对主观幸福的影响之后，燃料贫困和主观幸福之间的负相关关系仍然存在，并且，燃料贫困的增长速度比一般贫困要快。此外，在相同的福利水平下，处于贫困状态的消费者需要的支出比那些处于非贫困状态的消费者要少。为了让一个总体贫困的人达到与非贫困的人有相同的幸福水平，他们应该获得相当于其家庭支出 5.6% 的收入增长。

也有学者研究表明，不仅个人的贫困状态会影响个体的主观

---

① 燃料贫困主要用家庭用电支出、家庭用气支出以及家庭住房相关账单表示，如家庭用水、污水和垃圾税、社区成本等。

幸福感受，社区的贫困状态也会影响个体的主观幸福感受。路德维希等（Ludwig et al.，2012）利用美国一项独特的随机住房流动性实验数据，研究了从赤贫（高度贫困）社区搬到不那么贫困的地区对低收入居民主观福祉的影响。作者发现，从赤贫社区搬迁到较贫困社区，长期（10~15年）改善了成年人的身心健康和主观幸福感。社区贫困（即社区的贫困率）变动1个标准差，导致主观幸福感的增加幅度相当于年收入相差1.3万美元的人群之间的主观幸福感差距。

综上所述，对于客观贫困与主观贫困关系的研究主要集中于国外，国内的相关研究较少。并且，对于客观贫困的衡量也主要基于单一维度（一般是收入或消费），主要研究了单维（客观）贫困与主观贫困的关系，而对于多维贫困与主观贫困的关系研究还相对缺乏。在数据和分析方法上，也多基于某一年的截面数据进行分析，结果的稳健性有待进一步考察。基于此，本章从收入、教育、医疗、生活水平等多个维度衡量了农户的多维相对贫困情况，综合截面数据和面板数据分析了农户多维相对贫困和主观贫困之间的关系。本章研究框架如图4-1所示。

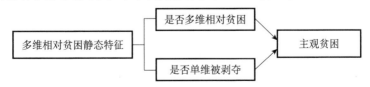

图4-1 多维相对贫困静态特征对主观贫困影响的研究框架

4.1 数据来源、变量说明与模型设定

4.1.1 数据来源

本章数据主要来源于 CFPS 数据库，关于 CFPS 数据库的介绍及数据处理过程，前文已有详细介绍，这里不再赘述。本章用到的数据库包括 2010 年、2012 年、2014 年、2016 年和 2018 年经过插补和缺失值等处理过的数据，最终得到 2010 年 14190 个个体样本，2012 年 17168 个个体样本，2014 年 13668 个个体样本，2016 年 13354 个个体样本，2018 年 9028 个个体样，并基于这些截面数据进行分析。

在调查过程中，个人的编码是唯一的。基于个体编码，筛选出 2010～2018 年均有相关数据的个体样本并将其合成面板数据，最终得到 3338 个个体样本 5 年的面板数据，并基于这些数据进行面板数据分析。在以后的章节中，如果无特殊说明，所用数据均是基于以上数据样本进行分析。

4.1.2 变量说明

（1）主观贫困。本章的被解释变量为农户的主观贫困状态，包括幸福感、满意度和收入评价三个标准衡量的主观贫困，具体测度我们在第三章已经详细介绍，在此不再赘述。

（2）多维相对贫困。本章的主要解释变量为农户的多维相对贫困状态，以及单维的被剥夺状态。具体测度在第3章中已经详细介绍，在此不再赘述。

对于控制变量，本章主要选择了受访者年龄、性别、是否患有慢性疾病、婚姻状态、教育水平、工作状态、家庭规模、地区特征等变量。

在模型估计过程中，对分类变量（有序和无序）进行直接的等距赋值，可能造成系数估计结果及其经济含义的不准确（宋长鸣等，2016）。因此，对于婚姻状态、教育水平、工作状态、地区四个变量，本章设置了虚拟变量使得估计结果更确切。

对于婚姻状态，本章以"未婚"和"同居"为参照组，设置三个虚拟变量，分别表示"在婚（有配偶）""丧偶"和"离婚"；对于教育水平，本章以"文盲/半文盲"为参照组，设置5个虚拟变量，分别表示"小学""初中""高中（包括中专/技校/职高）""大专"、"大学本科及以上"；对于工作状态变量，数据库中主要有三个选项，包括"在业""失业""退出劳动力市场"，但是并不能涵盖我们所选样本的全部，还有部分是全日制在校的学生。因此，本章以"在业"为参照组，设置3个虚拟变量，分别表示"失业""退出劳动力市场"和"全日制在学"；对于地区变量，本章主要以中部地区为参照，设置两个虚拟变量，分别表示东部地区和西部地区。相关变量的具体说明和描述性统计结果见表4-1，表中数据主要根据2018年样本数据计算所得。

表 4 - 1 相关变量说明与描述性统计

变量	符号	变量说明与赋值	均值	标准差	最小值	最大值
幸福感标准	SP1	根据幸福感整理所得，1 = 主观贫困，0 = 主观不贫困	0.06	0.24	0	1
满意度标准	SP2	根据生活满意度整理所得，1 = 主观贫困，0 = 主观不贫困	0.05	0.21	0	1
收入评价标准	SP3	根据个体收入在当地的水平整理所得，1 = 主观贫困，0 = 主观不贫困	0.10	0.30	0	1
多维相对贫困	MRP	经"A-F"方法测度得到，1 = 多维相对贫困，0 = 多维不贫困	0.19	0.39	0	1
年龄	Age	受访者年龄（岁）	47.60	16.14	16	91
性别	Male	受访者性别，1 = 男性，0 = 女性	0.51	0.50	0	1
慢性疾病	Disease	过去半年是否有慢性疾病，1 = 有，0 = 无	0.17	0.38	0	1
在婚（有配偶）	Currently married	婚姻状态，1 = 在婚（有配偶），0 = 其他	0.80	0.40	0	1
丧偶	Widowed	婚姻状态，1 = 丧偶，0 = 其他	0.01	0.11	0	1
离婚	Divorce	婚姻状态，1 = 离婚，0 = 其他	0.05	0.21	0	1
小学学历	Primary school	已完成的最高学历，1 = 小学，0 = 其他	0.25	0.43	0	1
初中学历	Middle school	已完成的最高学历，1 = 初中，0 = 其他	0.32	0.47	0	1

续表

变量	符号	变量说明与赋值	均值	标准差	最小值	最大值
高中学历	High school	已完成的最高学历，1＝高中，0＝其他	0.12	0.33	0	1
大专学历	Junior college	已完成的最高学历，1＝大专，0＝其他	0.03	0.18	0	1
大学本科及以上	Bachelor_A	已完成的最高学历，1＝本科及以上，0＝其他	0.02	0.15	0	1
失业	Unemployment	当前工作状态，1＝失业，0＝其他	0.01	0.08	0	1
退出劳动市场	Out_LM	当前工作状态，1＝因年龄、疾病等退出劳动市场，0＝其他	0.16	0.36	0	1
全日制在学	Full time	当前工作状态，1＝全日制在学，0＝其他	0.06	0.24	0	1
家庭规模	Family size	经济上是一家人的人口数量（人）	4.23	2.00	1	15
西部地区	Western	所在地区，1＝西部地区，0＝其他	0.34	0.47	0	1
东部地区	Eastern	所在地区，1＝东部地区，0＝其他	0.28	0.45	0	1

资料来源：根据中国家庭追踪调查数据库（CFPS）数据整理所得。

4.1.3 二值选择模型——Logit 模型

（1）Logit 回归模型。本章的因变量主要为主观贫困，是一个 0～1 变量，1 表示主观贫困，0 表示主观不贫困。因此，我们主要利用二值选择模型的 Logit 回归模型进行分析（陈强，2014）。

$$SP_i^* = \alpha + \beta MRP_i + \gamma x_i + \varepsilon_i \qquad (4-1)$$

$$SP_i = \begin{cases} 1, & SP_i^* > 0 \\ 0, & SP_i^* \leqslant 0 \end{cases} \qquad (4-2)$$

其中，SP_i 为可观测变量，表示农户 i 的主观贫困状态，$SP_i = 1$ 表示农户 i 处于主观贫困状态，$SP_i = 0$ 表示农户 i 处于主观不贫困状态。而 SP_i^* 为主观贫困的潜变量，不可观测。SP_i^* 与 SP_i 的关系如式（4-2）所示。MRP_i 为农户 i 的多维相对贫困状态，$MRP_i = 1$ 表示农户 i 处于多维相对贫困状态，$MRP_i = 0$ 表示农户 i 处于多维相对不贫困状态。x_i 为控制变量，包括农户的年龄、性别、婚姻、慢性疾病、工作状态、教育水平、家庭规模和地区等变量。

假设 ε_i 服从期望为 0，方差为 $\pi^2/3$ 的逻辑分布，那么农户 i 处于主观贫困状态的概率，即 $SP_i = 1$ 的概率为：

$$\begin{aligned} P(SP_i = 1 \mid X_i) &= P(SP_i^* > 0 \mid X_i) = P(X_i'\lambda + \varepsilon_i > 0 \mid X_i) \\ &= P(\varepsilon_i > -X_i'\lambda \mid X_i) \\ &= P(\varepsilon_i < X_i'\lambda) = F(X_i'\lambda) \\ &= \frac{e^{X_i'\lambda}}{1 + e^{X_i'\lambda}} \qquad (4-3) \end{aligned}$$

为了简化公式，上式中，我们用 X 表示所有解释变量组成的矩阵，λ 表示所有系数组成的矩阵。其中，F 为逻辑分布的累积分布函数。同理，农户 i 处于主观不贫困状态的概率，即 $SP_i = 0$

的概率为：

$$P(SP_i = 0 \mid X_i) = 1 - F(X_i'\lambda) \qquad (4-4)$$

那么，农户 i 主观贫困状态 SP_i 的概率密度函数可写为：

$$f(SP_i \mid X_i, \lambda) = [F(X'\lambda)]^{SP_i} [1 - F(X\lambda)]^{1-SP_i} \qquad (4-5)$$

运用最大似然法（MLE）即可对参数进行估计。对数似然函数为：

$$\ln L(\beta \mid SP, X) = \sum_{i=1}^{n} SP_i \ln[F(X'\lambda)] + \sum_{i=1}^{n} (1 - SP_i)$$
$$\ln[1 - F(X'\lambda)] \qquad (4-6)$$

（2）面板二值选择模型（Logit）。面板数据可以体现个体的动态行为，利用面板数据进行估计还可以在一定程度上解决遗漏变量的问题。因此，本章同时运用 2010 ~ 2018 年构成的短面板数据进行分析，提高估计结果的准确性。面板二值选择模型的具体形式如下：

$$SP_{it}^* = \alpha MRP_{it} + \beta x_{it}' + \mu_i + \varepsilon_{it} \qquad (4-7)$$

$$SP_{it} = \begin{cases} 1, & SP_{it}^* > 0 \\ 0, & SP_{it}^* \leqslant 0 \end{cases} \qquad (4-8)$$

其中，SP_{it} 表示农户 i 在时间 t 的主观贫困状态，$SP_{it} = 1$ 表示农户 i 在时间 t 处于主观贫困状态，$SP_{it} = 0$ 表示农户 i 在时间 t 处于主观不贫困状态，SP_{it}^* 为不可观测的主观贫困状态潜变量。SP_{it} 与 SP_{it}^* 的关系如式（4-8）所示。MRP_{it} 则表示农户 i 在时间 t 的多维相对贫困状态，$MRP_{it} = 1$ 表示农户 i 在时间 t 处于多维相对贫困状态，$MRP_{it} = 0$ 表示农户 i 在时间 t 处于多维相对不贫困状态。x_{it} 为控制变量，与上文相同。μ_i 为个体效应，当 μ_i 与所有解释变量 x_{it} 均不相关时，则为随机效应模型；若 μ_i 与解释变量 x_{it} 相关时，则为固定效应模型；若所有的 μ_i 相同，与个体无关，则为混合回归。

假设 ε_{it} 服从逻辑分布，那么对于农户 i 在时间 t 处于主观贫困的概率，即 SP_{it} 取值为 1 的概率为：

$$
\begin{aligned}
P(SP_{it} = 1 \mid X_{it}, \mu_i, \gamma) &= P(SP_{it}^* > 0 \mid X_{it}, \mu_i, \gamma) \\
&= P(X_{it}'\gamma + \mu_i + \varepsilon_{it} > 0 \mid X_{it}, \mu_i, \gamma) \\
&= P(\varepsilon_{it} > -\mu_i - X_{it}'\gamma \mid X_{it}, \mu_i, \gamma) \\
&= P(\varepsilon_{it} < \mu_i + X_{it}'\gamma) = F(\mu_i + X_{it}'\gamma) \\
&= \frac{e^{\mu_i + X_{it}'\gamma}}{1 + e^{\mu_i + X_{it}'\gamma}}
\end{aligned}
\tag{4-9}
$$

为了简化公式，上式中，我们仍然用 X 表示所有解释变量组成的矩阵，λ 表示所有系数组成的矩阵。同理，我们也可以得到农户 i 在时间 t 处于主观不贫困的概率。最后，同样利用最大似然法进行参数的估计。

4.2 多维相对贫困对农户主观贫困直接影响的实证分析

4.2.1 多维相对贫困与农户主观贫困的描述性统计分析

本节将农户多维相对贫困状态与主观贫困状态做了列联分

析，结果见表4－2，表格中的数据为行百分比和列百分比。其中，行百分比分别表示多维（不）贫困群体中处于主观贫困状态农户的比例，以及多维（不）贫困群体中处于主观不贫困状态农户的比例；列百分比分别表示主观（不）贫困群体中处于多维相对贫困状态农户的比例，以及主观（不）贫困群体中没有处于多维相对贫困状态农户的比例。

表4－2　　　　多维相对贫困与农户主观贫困列联　　单位:%

行百分比 列百分比	幸福感标准		满意度标准		收入评价标准	
	主观不贫困	主观贫困	主观不贫困	主观贫困	主观不贫困	主观贫困
2010 年						
多维不贫困	91.89	8.11	86.40	13.60	73.75	26.25
	65.13	53.29	65.22	57.10	67.11	56.58
多维相对贫困	87.38	12.62	81.84	18.16	64.21	35.79
	34.87	46.71	34.78	42.90	32.89	43.42
2012 年						
多维不贫困	—	—	84.23	15.77	78.32	21.68
	—	—	59.52	49.70	60.47	49.58
多维相对贫困	—	—	78.20	21.80	69.91	30.09
	—	—	40.48	50.30	39.53	50.42
2014 年						
多维不贫困	94.25	5.75	92.89	7.11	84.71	15.29
	65.55	53.14	65.62	54.55	66.03	58.10
多维相对贫困	90.72	9.28	89.14	10.86	79.80	20.20
	34.45	46.86	34.38	45.45	33.97	41.90
2016 年						
多维不贫困	—	—	88.53	11.47	81.46	18.54
	77.77	69.10	78.16	70.74

行百分比 列百分比	幸福感标准		满意度标准		收入评价标准	
	主观不贫困	主观贫困	主观不贫困	主观贫困	主观不贫困	主观贫困
多维相对贫困	—	—	83.15	16.85	74.81	25.19
			22.23	30.90	21.84	29.26
2018 年						
多维不贫困	94.13	5.87	95.56	4.44	90.46	9.54
	81.56	75.44	81.45	75.58	81.58	77.49
多维相对贫困	91.76	8.24	93.82	6.18	88.06	11.94
	18.44	24.56	18.55	24.42	18.42	22.51

资料来源：根据中国家庭追踪调查数据库（CFPS）数据整理所得。

从表 4－2 中可以看出，三个标准衡量的主观贫困结果是一致的，各年的数据结果也是一致的。行百分比数据显示，多维相对贫困群体中处于主观贫困状态农户的比例大于多维不贫困群体中主观贫困农户的比例，如 2018 年幸福感标准衡量的主观贫困结果显示，多维相对贫困群体中有 8.24% 的农户处于主观贫困状态，而多维不贫困群体中有 5.87% 的农户处于主观贫困状态；满意度标准衡量的主观贫困结果显示，多维相对贫困群体中有 6.18% 的农户处于主观贫困状态，而多维不贫困群体中有 4.44% 的农户处于主观贫困状态；收入评价标准衡量的主观贫困结果显示，多维相对贫困群体中有 11.94% 的农户处于主观贫困状态，而多维不贫困群体中有 9.54% 的农户处于主观贫困状态。

列百分比数据显示，主观贫困群体中处于多维相对贫困状态农户的比例也均高于主观不贫困群体中处于多维相对贫困状态农户的比例，如2018年幸福感标准衡量的主观贫困结果显示，主观贫困群体中有24.56%的农户处于多维相对贫困状态，而主观不贫困群体中则有18.44%处于多维相对贫困状态；2012年的结果更为明显，主观贫困群体中有超过一半（50.30%、50.42%）的农户处于多维相对贫困状态。以上结果说明多维相对贫困与主观贫困之间可能存在一定的正向关系，但这种关系还需要更为严谨的验证。

此外，本节也分析了多维相对贫困各维度或指标在被剥夺和未被剥夺两种状态下农户的主观贫困发生率情况。由于表格篇幅的限制，我们仅列出了2014年和2018年的统计结果，见表4－3。总体来看，各指标在被剥夺状态下农户的主观贫困发生率更高。但各指标对农户主观贫困的影响可能不同，其中在收入、成人健康、住房和资产方面，被剥夺和未被剥夺两种状态下主观贫困发生率相差较大。

表4－3　　　多维相对贫困各指标在被剥夺和未被剥夺
状态下主观贫困发生率的差异　　　　　单位：%

指标		2014 年			2018 年		
		幸福感标准	满意度标准	收入评价标准	幸福感标准	满意度标准	收入评价标准
收入剥夺	剥夺	10.53	12.19	21.78	8.21	5.73	14.89
	未剥夺	6.26	7.66	16.04	6.20	4.70	9.69
最高学历剥夺	剥夺	7.32	8.86	17.79	7.05	4.77	10.53
	未剥夺	6.46	7.75	15.79	4.86	4.76	8.92

指标		2014 年			2018 年		
		幸福感标准	满意度标准	收入评价标准	幸福感标准	满意度标准	收入评价标准
儿童辍学	剥夺	9.78	10.22	18.67	3.61	4.82	12.05
	未剥夺	6.95	8.41	17.00	6.34	4.76	9.97
成人健康剥夺	剥夺	10.07	11.45	21.93	9.39	6.40	13.17
	未剥夺	5.12	6.60	14.04	4.39	3.74	8.01
儿童营养不良	剥夺	7.56	8.37	16.08	6.88	6.23	9.55
	未剥夺	6.86	8.45	17.25	6.22	4.53	10.06
医疗保险剥夺	剥夺	7.68	8.95	18.00	6.62	5.16	10.38
	未剥夺	6.67	8.19	16.56	6.24	4.67	9.90
做饭用水剥夺	剥夺	7.64	9.10	17.75	7.10	5.30	10.68
	未剥夺	6.55	7.98	16.52	5.95	4.52	9.68
做饭燃料剥夺	剥夺	8.71	9.82	18.57	8.08	4.89	11.15
	未剥夺	5.45	7.19	15.63	5.27	4.69	9.31
家庭用电剥夺	剥夺	8.33	12.50	16.67	8.45	2.82	8.45
	不剥夺	6.99	8.43	17.03	6.30	4.78	10.03
家庭住房剥夺	剥夺	10.75	14.40	22.70	9.77	5.66	11.57
	未剥夺	6.29	7.32	15.96	6.16	4.72	9.92
家庭资产剥夺	剥夺	10.87	13.69	23.83	7.96	5.80	12.22
	未剥夺	5.62	6.57	14.61	5.51	4.25	8.90

资料来源：根据中国家庭追踪调查数据库（CFPS）数据整理所得。

2014 年，在收入被剥夺群体中，三个标准衡量的农户主观贫困发生率分别为 10.53%、12.19%、21.78%，而在收入没有被剥夺群体中，农户的主观贫困发生率分别为 6.26%、7.66%、

16.04%，两者相差 4.5% 左右，2018 年则相差 3% 左右；在成人健康方面，2014 年被剥夺群体的主观贫困发生率分别为 10.07%、11.45%、21.93%，而没有被剥夺群体的主观贫困发生率分别为 5.12%、6.60%、14.04%，两者相差 6% 左右，2018 年则相差 4% 左右；在家庭住房方面，2014 年被剥夺群体的主观贫困发生率分别为 10.75%、14.40%、22.70%，而没有被剥夺群体的主观贫困发生率分别为 6.29%、7.32%、15.96%，两者相差 6% 左右，2018 年则相差 2% 左右；在家庭资产方面，2014 年被剥夺群体的主观贫困发生率分别为 10.87%、13.69%、23.83%，而没有被剥夺群体的主观贫困发生率分别为 5.62%、6.57%、14.61%，两者相差 7% 左右，2018 年则相差 2.5% 左右。但是，在儿童营养、医疗保险和做饭用水方面，被剥夺和没有被剥夺两种状态下主观贫困发生率相差较小，约 1%。

4.2.2 多维相对贫困对农户主观贫困影响的实证分析

为了进一步验证多维相对贫困与农户主观贫困的关系，本节利用 Logit 回归模型进行实证检验。由于我们的解释变量主要为 0～1 变量，为了便于解释回归的结果，我们在结果中报告的是概率比而不是系数。概率比在本节的含义是主观贫困概率是主观不贫困概率的倍数，如果概率比是 2，则意味着主观贫困的概率是主观不贫困概率的 2 倍。同时，概率比大于 1 表示正向影响，而概率比小于 1 则表示负向影响。

4.2.2.1 多维相对贫困对农户主观贫困的总体影响

由于表格篇幅的限制，表 4 - 4 显示了 2014 年和 2018 年多维相对贫困对农户主观贫困影响的 Logit 回归结果，表 4 - 5 则显示了 2010 年、2012 年、2016 年多维相对贫困对农户主观贫困影响的 Logit 回归结果，各模型的预测准确率均在 70% 以上。从表中可以看出，多维相对贫困的概率比在 1.24 ~ 1.68 之间，均大于 1，说明多维相对贫困对农户主观贫困具有显著的正向影响，即相对于多维不贫困农户，处于多维相对贫困状态的农户主观贫困的概率更大。这可能是因为处于多维相对贫困状态的农户，其基本需要没有得到满足，或者在某些方面是相对缺乏的。在向上比较的驱动下，农户会与身边生活水平相对较高的人进行比较，从而对自己的生活作出一个较低的评价。具体地，从报告的概率比来看，多维相对贫困对生活满意度衡量的主观贫困影响较大，幸福感次之，而对收入评价衡量的主观贫困影响相对较小。2018 年三个标准衡量的主观贫困结果显示，多维相对贫困群体处于主观贫困状态的概率比是多维不贫困群体的 1.31 倍、1.38 倍、1.24 倍；而 2010 年、2012 年、2014 年、2016 年三个标准衡量的主观贫困结果显示，多维相对贫困和不贫困两种状态下农户主观贫困概率比相差更大，如 2014 年多维相对贫困群体处于主观贫困状态的概率比是多维不贫困群体的 1.56 倍、1.64 倍、1.42 倍。

表4-4 **多维相对贫困对农户主观贫困影响的模型估计结果（2014年/2018年）**

指标	2014年			2018年		
	幸福感标准	满意度标准	收入评价标准	幸福感标准	满意度标准	收入评价标准
多维相对贫困	1.56***	1.64***	1.42***	1.31**	1.38***	1.24**
年龄	1.11***	1.05***	1.01	1.07***	1.11***	1.02
年龄平方	0.99***	0.99***	0.99	0.99***	0.99***	0.99
性别	1.22***	1.16**	0.76***	1.07	1.16	1.04
慢性疾病	1.52***	1.55***	1.37***	1.44***	1.39**	1.37***
在婚（有配偶）	0.58***	0.56***	0.74***	0.45***	0.42***	0.83
丧偶	2.13***	2.11***	1.76***	1.47	0.79	0.75
离婚	1.17	1.01	1.10	0.94	0.69	1.36
小学学历	0.72***	0.81**	1.04	0.64***	0.81	0.95
初中学历	0.61***	0.66***	0.94	0.49***	0.79	0.83*
高中学历	0.54***	0.59***	0.83*	0.37***	0.75	0.67***
大专学历	0.52**	0.46***	0.79	0.83	0.68	0.51**
本科及以上	1.00	0.56	0.54*	0.31***	0.72	0.48**
失业	1.82*	2.05***	1.85***	2.33**	2.12*	3.76***
退出劳动市场	1.08	1.21**	2.25***	1.04	1.04	1.84***
全日制在学	0.52**	0.32***	0.96	0.42***	0.21***	0.66*
家庭规模	0.94***	0.91***	0.93***	0.97	1.02	0.96**
西部地区	1.95***	1.22***	0.87**	1.75***	1.18	1.04
东部地区	1.01	1.16*	0.92	1.14	1.11	1.16*
截距项	0.01***	0.08***	0.21***	0.04***	0.01***	0.10***
样本数	13668	13668	13668	9028	9028	9028
LR chi2（19）	380.89***	294.40***	566.96***	199.25***	96.49***	141.72***
Pseudo R2	0.0551	0.0372	0.0455	0.0469	0.0279	0.0242
预测准确率	92.94%	91.57%	82.95%	93.69%	95.24%	90.01%

注：*、**、***分别表示10%、5%、1%的显著性水平。

资料来源：资料主要是基于中国家庭追踪调查数据库（CFPS）数据计算所得。

表4-5   多维相对贫困对农户主观贫困影响的模型
估计结果（2010年/2012年/2016年）

指标	2010年			2012年		2016年	
	幸福感标准	满意度标准	收入评价标准	满意度标准	收入评价标准	满意度标准	收入评价标准
多维相对贫困	1.64***	1.49***	1.52***	1.52***	1.50***	1.68***	1.42***
年龄	1.12***	1.05***	0.98***	1.04***	1.00	1.06***	1.03***
年龄平方	0.99***	0.99***	0.99***	0.99***	0.99	0.99***	0.99***
性别	1.25***	1.17***	0.63***	1.15***	0.85***	1.21***	0.88***
慢性疾病	1.40***	1.42***	1.37***	1.20***	1.19***	1.37***	1.23***
在婚（有配偶）	0.41***	0.56***	0.73***	0.62***	0.91	0.83*	0.91
丧偶	1.45*	1.20	1.22	1.57**	1.88***	1.58**	1.72***
离婚	0.89	0.90	1.02	0.77**	0.97	1.24	1.24
小学学历	0.80***	0.86**	0.99	0.86***	0.89**	0.89	0.86**
初中学历	0.66***	0.85**	0.91*	0.76***	0.76***	0.89	0.80***
高中学历	0.54***	0.78**	0.76***	0.66***	0.72***	0.68***	0.66***
大专学历	0.24***	0.46***	0.37***	0.74*	0.64***	0.58***	0.46***
本科及以上	1.00	0.67	0.21***	0.84	0.93	0.50***	0.43***
失业	1.15*	1.20***	1.93***	1.61***	2.72***	2.25***	2.14***
退出劳动市场	1.15	1.29***	2.16***	1.18***	1.68***	1.26***	1.94***
全日制在学	1.00	1.00	1.00	0.18***	0.48***	0.25***	1.11
家庭规模	0.93***	0.95***	0.96***	0.92***	0.93***	0.94***	0.97**
西部地区	1.34***	1.01	1.00	1.12***	0.92**	1.03	0.90*
东部地区	1.19**	1.19***	0.97	1.01	0.96	1.01	0.92
截距项	0.02***	0.13***	0.66**	0.20***	0.40***	0.10***	0.16***
样本数	14139	14190	14190	17168	17168	13078	13078
LR chi2	386.63***	240.54***	1113.8***	496.50***	808.36***	337.01***	432.52***
Pseudo R2	0.0427	0.0199	0.0645	0.0304	0.0417	0.0339	0.0331
预测准确率	90.23%	84.76%	71.22%	81.69%	74.87%	87.32%	79.99%

注：*、**、***分别表示10%、5%、1%的显著性水平。

资料来源：根据中国家庭追踪调查数据库（CFPS）数据计算所得。

对于控制变量，从表4-4中可以看出，年龄对农户主观贫困主要呈现正向影响，而年龄的平方主要对农户主观贫困呈现负向影响，说明年龄对农户主观贫困的影响是非线性的，随着年龄的提高，农户主观贫困的概率也有所提高，但是到达一定的年龄后，主观贫困的概率又随之降低。可能的原因在第3章已有讨论，在此不再赘述。

性别方面，性别变量对幸福感和满意度标准衡量的农户主观贫困表现出显著的正向影响，但对收入评价标准衡量的农户主观贫困表现出显著的负向影响。具体来讲，相对于女性，男性更容易对自身幸福和生活满意度有一个较低的评价而处于主观贫困状态。但是，相对于男性，女性则更容易对自身的收入有一个较低的评价而处于主观贫困状态，这与第3章的分析结果是一致的，在此不再赘述。慢性疾病对农户主观贫困存在显著的正向影响，即相对于没有慢性疾病的农户，有慢性疾病的农户主观贫困概率更大。在婚姻方面，相对于未婚群体来说，在婚且有配偶的农户主观贫困概率显著降低，但丧偶群体的主观贫困概率则显著提高，而离婚群体的主观贫困概率与未婚群体的主观贫困概率没有显著差异。

在教育方面，相对于文盲/半文盲的农户来说，完成小学学历及以上的农户的主观贫困概率均显著降低，说明教育投资对降低农户主观贫困有积极作用。工作状态方面，相对于在业（有工作）群体来说，处于失业状态的农户的主观贫困概率显著提高，因年龄较大、身体残疾等原因退出劳动力市场的群体的主观贫困概率也有所提高，而全日制在学的学生群体的主观贫困概率显著较低。家庭规模方面，家庭规模对农户主观贫困表现出显著的负向影响，即家庭规模越大，农户主观贫困的概率越小。这与田雅娟等（2019）的研究结果是一致的，可能是因为家庭规模经济的存在。家庭规模越大，人均消费越少，在相同的人均收入下，规模较大的家庭可以满足其成员更多的需求，进而提高家庭成员的幸福感、满意度和收入评价，降低主观贫困的概率。根据2018年样本数据测算，一口之家的人均消费性支出高达33000多元，两口之家和三口之家的人均消费性支出为17000元左右，四口之家和五口之家的人均消费性支出为13000多元。

对于地区变量，三个标准衡量的主观贫困结果不同。从幸福感和满意度标准衡量的主观贫困结果来看，西部地区对农户主观贫困的影响更多地表现为显著的正向影响，而东部地区则更多地表现为正向但不显著的影响，说明相对于中部地区，西部地区和东部地区农户的幸福感和满意度较低。从收入评价标准衡量的主观贫困结果来看，西部地区对农户主观贫困的影响更多地表现为显著的负向影响，东部地区对农户主观贫困的影响更多地表现为不显著的影响，说明相对于中部地区，西部地区的农户对自身收入地位的评价相对较高，而东部地区农户对自身收入地位的评价与中部地区没有显著差异。这与第3章描述性统计分析的结果是一致的，我们在此不再赘述。

4.2.2.2　不同多维相对贫困指标对农户主观贫困的影响

本节还分析了不同多维贫困指标剥夺（单维贫困）对农户主观贫困的影响，结果见表4－6和表4－7。其中，表4－6显示了2014年和2018年各变量的统计系数和显著性，而表4－7则显示了2010年、2012年和2018年各变量的统计系数和显著性。与上文相同，表中报告的也是变量的概率比。

表4－6　多维相对贫困各指标剥夺对农户主观贫困影响的模型估计结果（2014年/2018年）

指标	2014年			2018年		
	幸福感标准	满意度标准	收入评价标准	幸福感标准	满意度标准	收入评价标准
家庭收入剥夺	1.26 ***	1.27 ***	1.11 *	0.96	1.17	1.24
成人教育剥夺	0.96	1.02	1.02	1.03	0.87	0.93
儿童辍学	1.19	1.03	1.10	0.46	0.85	1.33
成人健康剥夺	1.71 ***	1.64 ***	1.51 ***	2.02 ***	1.78 ***	1.56 ***
儿童营养不良	1.09	1.09	1.04	1.28 *	1.44 **	1.06
医疗保险剥夺	1.25 ***	1.17 **	1.22 ***	1.14	1.09	1.09
做饭用水剥夺	1.08	1.10	1.03	1.07	1.11	1.05
做饭燃料剥夺	1.14 *	1.14 *	1.09	1.16	0.85	1.11
家庭用电剥夺	0.99	1.25	0.79	1.40	0.57	0.71
家庭资产剥夺	1.44 ***	1.68 ***	1.53 ***	1.15	1.42 ***	1.22 **
家庭住房剥夺	1.44 ***	1.77 ***	1.39 ***	1.45 **	0.93	1.12
控制变量	控制	控制	控制	控制	控制	控制
预测准确率	92.95%	91.52%	82.90%	93.69%	95.24%	90.01%

注：*、**、*** 分别表示10%、5%、1%的显著性水平。由于2012年、2016年没有幸福感衡量的主观贫困数据，以及表格篇幅的限制，我们将2014年和2018年的结果放在一个表中，而将2010年、2012年、2016年的简要结果放在另一个表格中。

资料来源：表中数据主要是基于中国家庭追踪调查数据库（CFPS）计算所得。

总体来看，成人健康剥夺、家庭资产剥夺和住房剥夺对农户主观贫困具有显著的正向影响，且被剥夺状态下和没有被剥夺状态下农户处于主观贫困的概率比相差较大。其中，成人健康剥夺对农户的幸福感影响较大，而家庭资产和住房剥夺对农户的生活满意度影响较大。在成人健康剥夺方面，2018 年幸福感标准衡量的主观贫困结果显示，家庭成人健康被剥夺群体处于主观贫困状态的概率比是健康没有被剥夺群体的 2.02 倍；满意度标准衡量的主观贫困结果显示，家庭成人健康被剥夺群体处于主观贫困状态的概率比是健康没有被剥夺群体的 1.78 倍；收入评价标准衡量的主观贫困结果显示，家庭成人健康被剥夺群体处于主观贫困状态的概率比是健康没有被剥夺群体的 1.56 倍。在家庭资产剥夺方面，2014 年幸福感、满意度和收入评价三个标准衡量的主观贫困结果显示，家庭资产被剥夺群体处于主观贫困状态的概率比是资产没有被剥夺群体的 1.44 倍、1.68 倍、1.53 倍。在家庭住房剥夺方面，2014 年幸福感、满意度和收入评价三个标准衡量的主观贫困结果显示，家庭住房被剥夺群体处于主观贫困状态的概率比是住房没有被剥夺群体的 1.44 倍、1.77 倍、1.39 倍。

表 4 - 7　　　　多维相对贫困各指标剥夺对农户主观贫困影响的
模型估计结果 （2010 年/2012 年/2016 年）

指标	2010 年			2012 年		2016 年	
	幸福感标准	满意度标准	收入评价标准	满意度标准	收入评价标准	满意度标准	收入评价标准
家庭收入剥夺	1.32***	1.34***	1.46***	1.08	1.25***	1.24**	1.43***
成人教育剥夺	1.04	0.93	0.95	1.05	1.18***	1.01	0.97

指标	2010 年			2012 年		2016 年	
	幸福感标准	满意度标准	收入评价标准	满意度标准	收入评价标准	满意度标准	收入评价标准
儿童辍学	1.28 *	1.12	0.80 **	1.04	0.90	1.56 **	1.97 ***
成人健康剥夺	2.27 ***	1.77 ***	1.62 ***	1.73 ***	1.32 ***	1.81 ***	1.28 **
儿童营养不良	1.33 ***	1.01	1.00	1.07	0.98	1.24 **	0.93
医疗保险剥夺	0.90	0.98	1.09 *	1.10 **	1.15 ***	1.29 ***	1.11 *
做饭用水剥夺	1.05	1.04	0.98	1.16 ***	0.99	1.18 ***	1.03
做饭燃料剥夺	1.17 **	1.12 **	1.09 *	1.16 ***	1.13 **	1.05	1.06
家庭用电剥夺	0.37 **	1.18	1.27	0.49	0.45 *	0.96	1.01
家庭资产剥夺	1.59 ***	1.64 ***	1.29 ***	1.59 ***	1.48 ***	1.49 ***	1.36 ***
家庭住房剥夺	1.00	0.96	1.12	1.43 ***	1.35 ***	1.15	1.20 *
控制变量	控制	控制	控制	控制	控制	控制	控制
预测准确率	90.20%	84.78%	71.78%	81.75%	74.88%	87.31%	79.95%

注：*、**、*** 分别表示10%、5%、1%的显著性水平。
资料来源：根据中国家庭追踪调查数据库（CFPS）数据计算所得。

此外，家庭收入剥夺和医疗保险剥夺对农户主观贫困也具有显著的正向影响，尤其是2016年及以前。其中，家庭收入剥夺群体处于主观贫困状态的概率比是收入没有被剥夺群体的1.2倍或1.3倍；而医疗保险剥夺群体处于主观贫困状态的概率比是医疗保险没有被剥夺群体的1.1倍或1.2倍。做饭燃料剥夺对农户主观贫困的显著影响主要体现在2014年及以前，做饭燃料剥夺群体处于主观贫困状态的概率比是做饭燃料没有被剥夺群体的1.1倍左右。但是，相对来看，成人教育剥夺、儿童营养不良、做饭用水剥夺和家庭用电剥夺对农户主观贫困的影响相对较小，且多为不显著。

4.2.2.3 多维相对贫困对农户主观贫困影响的稳健性分析

我们利用面板数据分析了多维相对贫困对农户主观贫困的影响。面板二值选择模型的估计方法有三种，混合回归估计、固定效应估计、随机效应估计。经过豪斯曼检验（见表4-8），对于幸福感和满意度标准衡量的主观贫困，我们主要选择随机效应模型进行分析。对于收入评价标准，在混合效应和固定效应之间应选择混合效应，在混合效应和随机效应之间应选择随机效应，而在固定效应和随机效应之间的检验结果P值为0.0776，若在10%的显著性水平下应选择固定效应，但此时结果之间会相互矛盾而无法作出最终选择。因此，我们选择5%的显著性水平，对于收入评价标准衡量的主观贫困最终选择随机效应分析。综上所述，对于三个标准，我们均最终选择随机效应模型进行估计。

表4-8　　　　　　面板二值模型选择的豪斯曼检验结果

估计方法	幸福感标准	满意度标准	收入评价标准
混合效应 VS 固定效应	混合效应	混合效应	混合效应
混合效应 VS 随机效应	随机效应	随机效应	随机效应
固定效应 VS 随机效应	随机效应	随机效应	随机效应（5%）
模型选择结果	随机效应	随机效应	随机效应

表4-9显示了随机效应模型（Logit回归模型）估计的系数（cecf）和概率比（odds）。从表中可以看出，三个标准衡量的主观贫困结果均显示出多维相对贫困对农户主观贫困具有显著的正向影响。具体地，概率比结果显示，多维相对贫困群体处于主观

贫困状态的概率比是多维不贫困群体的 1.7 倍左右，即提高了 70%。这与截面数据所得结果一致，但面板数据结果显示出多维相对贫困群体和不贫困群体之间存在更大的差异。

表4-9　　多维相对贫困对农户主观贫困影响的随机效应模型结果

指标	随机效应模型		
	幸福感标准	满意度标准	收入评价标准
多维相对贫困（系数）	0.56***	0.52***	0.55***
多维相对贫困（概率比）	1.74***	1.69***	1.73***
控制变量	控制	控制	控制

注：*** 表示 1% 的显著性水平。
资料来源：根据中国家庭追踪调查数据库（CFPS）数据计算所得。

4.3　本章小结

本章基于以往相关研究和现有数据（CFPS 数据库），比较了多维相对贫困农户和多维不贫困农户的主观贫困差异，综合运用二值选择模型（Logit）和面板二值选择模型，实证检验了多维相对贫困对农户主观贫困的影响。

（1）描述性统计结果和实证检验结果均显示，多维相对贫困与农户主观贫困之间存在一定的正相关关系，即相对于多维不贫困农户，处于多维相对贫困状态的农户更容易主观贫困或者其主观贫困的概率更大。

（2）不同多维相对贫困指标剥夺对农户主观贫困的影响存

在差异。总体来看，成人健康剥夺、家庭资产剥夺和住房剥夺对农户主观贫困具有显著的正向影响，且被剥夺状态下和未被剥夺状态下农户处于主观贫困的概率比相差较大。次要影响因素为家庭收入剥夺和医疗保险剥夺，对农户主观贫困也具有显著的正向影响。相对来看，成人教育剥夺、儿童营养不良、做饭用水剥夺和家庭用电剥夺对农户主观贫困的影响相对较小，且多为不显著。

第5章 多维相对贫困动态特征对农户主观贫困的直接影响

多维相对贫困只是个体在某一个时间的状态，而这种状态会随着个体特征、家庭特征、社会特征等的变化而变化，也会因为一些突发的冲击性事件而发生改变，如建房或买房、婚丧嫁娶、子女上大学、大病治疗和洪涝灾害等冲击性事件。在一个较长的时间段内，有些个体可能一直处于多维相对贫困状态，有些个体可能一直保持多维不贫困状态，而有些个体可能仅在该时间段内的某些时间处于多维相对贫困状态。还有部分农户处于贫困的边缘，对突发事件的应对能力极差，在遇到一些突发性的冲击事件时，极易陷入多维相对贫困状态，即他们是多维贫困脆弱的。因此，休姆和谢泼德（Hulme & Shepherd，2003）、内夫（Neff，2007）认为，穷人并不是一个同质的群体，要区分"总是贫困""通常贫困""波动贫困""偶尔贫困"和"非贫困"等不同程度的贫困。那么，经历不同贫困程度的农户在主观贫困感受上是否有所不同？根据享乐适应理论，个体对某一件事情的适应，都会降低该事件对个体的影响。这种适应会降低积极事件带给个体的快乐，同样也会缓解消极事件带给个体的不好情绪。个体对事件的适应也表现出一定的非对称性，相对于一些消极事件，个体对积极事件的反应更为灵敏，对消极事件则需要更长的时间去适应，甚至很难完全去适应。因此，当一个人长期经历贫困，是否会适应这种贫困状态，而降低这种客观贫困对农户主观贫困感受的影响？

布朗（Brown，1995）提出了一个贫困环境对老年人主观幸福感影响的概念模型。以往对于贫困社区环境的划分多为二分法，即按照一定的标准将社区划分为高贫困社区和低贫困社区，进而研究不同贫困环境对居民心理或情感状态的影响。但是，贫困社区不仅在贫困程度（即百分比）上有一定的异质性，而且在持续时间上（维持一定程度的贫困的时间）也存在一定的异质性，这两种社区之间的异质性都可能会影响居民的心理或情感状态。因此，该模型中邻里/社区的贫困类型包括贫困程度和贫困持续时间两个方面，以评估居住在集中贫困和长期贫困社区对老年人居住满意度和主观幸福感的影响。但是，作者并没有解释社区长期贫困对老年人心理或情感状态的具体影响及其影响机制。克雷塔和苏特（Crettaz & Suter，2013）从适应性偏好的角度，解释了长期贫困对个体生活主观评价的影响。作者认为，个体对其生活的主观评价会受到适应性偏好的影响，即个体可能会将自己与处于同样不稳定或更糟境况的人进行比较，从而降低预期，调整自己的偏好，以适应个体财务等方面的约束（此为"向下适应"过程）。当然，个体也可能基于其现在较高的生活水平而提高自己的预期，以适应他们的物质状况（此为"向上适应"过程）。因此，作者提出长期经历贫困的人会更适应他们不稳定的处境，往往比那些只是暂时遭遇贫困的人更容易感到满足。研究结果也表明，经历贫困的时间越长，个体对家庭收入、个人财务状况和整体生活的满意度越高。金登和奈特（Kingdon & Knight，2006）指出，额外资源对穷人主观福利的影响可能取决于个体态度或愿望是否随着额外资源的变化而发生变化。如果个体的资源增加，而个体的态度或愿望保持不变，那么个体资源的增加会导致个体主观福利会有一个显著的提高。但是，随着时间的推移，如果个体的态度和愿望发生改变，其会逐渐适应更高水平的资源，那么，此时资源的增加对个体主观福利的影响将相对较小。加纳和德沃斯（Garner & De Vos，1995）也指出，在询问个体或家庭需要的最低收入时，他们考虑的是当前的支出和生活方式，而不是他们的"基本需求"，固定支出较高的受访者会报告相对较高的最低收入。这从另一方面说明了他们已经适应了现在的生活水平，也就是说现在的生活水平就是他们感知的基本需求。

然而，阿莱姆等（Alem et al.，2014）研究发现，在上一时期贫穷的家庭在下一时期也更有可能贫穷；在以往任何时期认为自己贫穷的家庭在下一时期仍然认为自己贫穷的可能性也要高

5.7%。因此，无论是客观贫困还是主观贫困，最初的贫困水平对未来的贫困有相当大的影响，即使他们的物质消费已经改善，有贫困历史的家庭也会继续认为自己是贫穷的。西蒙娜－穆萨（Simona-Moussa，2020）探讨了瑞士易受贫困群体的主观幸福感水平。易受贫困群体即贫困脆弱群体，基于与陷入贫困概率相关的预测收入进行识别（约3121瑞士法郎）。研究结果表明，相对于不贫困群体来说，贫困群体和易受贫困（贫困脆弱）群体的主观幸福感较低。但贫困群体和易受贫困群体在主观幸福感水平上的差异很小，可能是因为，与贫困人口相比，那些易受贫困影响的人并不适应他们的处境，即使他们比穷人拥有更多的资源，他们的主观幸福水平也没有显著提高。

基于上述文献，关于客观贫困的动态特征对主观贫困的影响研究仍然主要集中在国外，且研究结论也有一些差异，国内对客观贫困动态特征与农户主观贫困关系的研究则较为缺乏。另外，以往文献中的贫困脆弱衡量均是单维的，仅基于个体的预测收入衡量，无法全面反映出家庭面临的（陷入贫困的）风险。基于此，本章基于ROC曲线和"A-F"方法全面并客观地衡量了农户的多维贫困脆弱性，并从农户的多维相对贫困经历时间、多维相对贫困的转移，以及农户的多维贫困脆弱性三个方面考察了客观贫困的动态特征对农户主观贫困的影响。本章研究框架如图5－1所示。

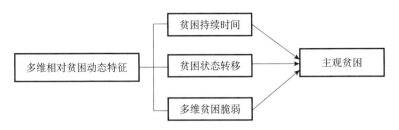

图 5 - 1 多维相对贫困动态特征对主观贫困影响的研究框架

5.1 农户多维相对贫困的动态特征

5.1.1 农户多维相对贫困经历时间

多维相对贫困的经历时间是指在特定的研究时期，农户处于多维相对贫困状态的年数。本章研究的时期为 2010 年、2012 年、2014 年、2016 年和 2018 年共 5 年的时间，若农户在这 5 年从来没有被识别为多维相对贫困，则表明农户多维相对贫困经历的时间为 0 年；若农户在这 5 年仅有 1 年被识别为多维相对贫困，则表明农户多维相对贫困经历的时间为 1 年；同理，若农户在这 5 年都被识别为多维相对贫困，则表明农户多维相对贫困经历的时间为 5 年。

也有学者根据农户多维相对贫困的经历时间，将农户划分为（客观）不贫困农户、暂时性贫困农户和慢性贫困农户。在本章研究的 5 个时期内，若多维相对贫困的经历时间在 3 年及以上，则为慢性贫困农户；若多维相对贫困的经历时间为 1 ~ 2 年，则为暂时性贫困农户；若多维相对贫困的经历时间为 0 年，则为多维不贫困农户。当然，对于慢性贫困和暂时性贫困的划分标准并不止这一种，但这是一种比较简单易操作的方法。

本节主要利用 2010～2018 年均有数据的样本，共 3338 个个体样本 5 年的面板数据，分析了农户在 2010～2018 年多维相对贫困的经历时间。表 5-1 显示了 2010～2018 年农户多维相对贫困经历时间情况，以及由此划分了不贫困群体、暂时性贫困群体和慢性贫困群体。从表 5-1 中可以看出，多维相对贫困经历时间越长的农户所占比例越低。2010～2018 年从没有多维相对贫困的农户占 31.04%，仅经历 1 年多维相对贫困的农户占 25.58%，经历 2 年多维相对贫困的农户占 19.80%，而经历 3 年、4 年、5 年多维相对贫困的农户分别占 13.63%、7.07%、2.88%。根据农户多维相对贫困经历时间划分，暂时性贫困农户占比最高，占比 45.38%，而慢性贫困农户占比最低，约为 23.58%。

表 5-1　　　　　　　　　农户多维相对贫困经历时间

多维相对贫困经历时间	2010～2018 年	贫困类型	贫困类型占比
0 年	1036（31.04%）	多维不贫困	31.04%
1 年	854（25.58%）	暂时性贫困	45.38%
2 年	661（19.80%）		
3 年	455（13.63%）	慢性贫困	23.58%
4 年	236（7.07%）		
5 年	96（2.88%）		
总计	3338（100%）	—	100%

资料来源：根据中国家庭追踪调查数据库（CFPS）数据计算所得。

5.1.2　农户多维相对贫困转移

农户多维相对贫困转移是指在特定的两个（连续的）时间内，农户多维相对贫困状态的转变，如 2010~2012 年、2012~2014 年、2014~2016 年、2016~2018 年。农户多维相对贫困状态的转变包括一直多维不贫困，即前后两个时间均没有被识别为多维相对贫困；一直多维相对贫困，即前后两个时间均被识别为多维相对贫困；脱贫，即农户的多维相对贫困状态由多维不贫困转变为多维相对贫困；返贫，即农户的多维相对贫困状态由多维相对贫困转变为多维不贫困。

同样，本节主要利用 2010~2018 年均有数据的样本，共3338 个个体样本 5 年的面板数据，分析农户在 2010~2018 年多维相对贫困的转移情况。表 5-2 显示了 2010~2012 年、2012~2014 年、2014~2016 年、2016~2018 年 4 个时间段内农户的多维相对贫困转移情况。整体来看，2010~2018 年，一直多维不贫困农户仍然占有较大比例，一直贫困农户的占比一直在下降，返贫农户的比例也一直在下降，而脱贫农户在 2016 年之前一直保持上升趋势，在 2018 年有所下降，这些均体现出我国农户多维相对贫困情况的好转。

表 5-2　　　　　　农户多维相对贫困转移情况

指标	2010~2012 年	2012~2014 年	2014~2016 年	2016~2018 年
一直不贫困	1544（46.26%）	1511（45.27%）	1828（54.76%）	2340（70.10%）
一直贫困	674（20.19%）	725（21.72%）	416（12.46%）	285（8.54%）

指标	2010~2012 年	2012~2014 年	2014~2016 年	2016~2018 年
脱贫	456（13.66%）	613（18.36%）	798（23.91%）	427（12.79%）
返贫	664（19.89%）	489（14.65%）	296（8.87%）	286（8.57%）
总计	3338（100%）	3338（100%）	3338（100%）	3338（100%）

资料来源：根据中国家庭追踪调查数据库（CFPS）数据计算所得。

分时段来看，2010~2012 年，一直贫困农户和返贫农户均占有较大比例，分别为20.19%、19.89%，而脱贫农户占据的比例最低，约为13.66%，说明我国农户多维相对贫困情况还较为严峻；2012~2014 年，一直贫困农户仍然占有较大比例，约为21.72%，其次为脱贫农户，而返贫农户的占比最低，约为14.65%，说明相对于前一时间段，脱贫农户的占比提高，而返贫农户的占比下降，扶贫效果得到一定的体现；2014~2016 年，脱贫农户占比较高，约为23.91%，其次为一直贫困农户，而返贫农户占比最低，约为8.87%，进一步体现出了良好的扶贫效果；2016~2018 年，仍然保持为脱贫农户占比较高，约为12.79%，其次为返贫农户，而一直贫困农户的占比最低，约为8.54%。因此，2010~2018 年，农户的多维相对贫困情况一直处于好转态势。

5.1.3 农户多维贫困脆弱性

如果说农户多维相对贫困经历时间，以及农户多维相对贫困的转移是农户过去的贫困动态，那么农户多维贫困脆弱性则是一个比较前瞻性的概念或状态，是对农户未来是否容易陷入贫困的一种预测，是农户多维相对贫困状态未来的一种可能的发展趋势。因此，本书将农户的多维贫困脆弱性也归类为多维相对贫困的动态特征，并对其进行分析。对于贫困脆弱性的衡量，学界主要有三种主流的测算方法，分别基于预期的贫困脆弱性（VEP）、低期望效用脆弱性（VEU）和风险暴露脆弱性（VER）的概念（Gaiha & Imai，2008）。其中，预期的贫困脆弱性（VEP）由于最容易理解和测算而被广泛运用，本书也是基于此概念衡量农户的多维贫困脆弱性。在具体指标的选取上，有些学者仅以家庭或个人的收入/消费（与最初的贫困概念有关）为基础测量家庭或个人的贫困脆弱性，但世界银行（World Bank，2001）指出，用单一指标来衡量脆弱性既不可行也不可取，仅以家庭资产或收入及其来源为基础的脆弱性度量无法反映家庭的真实风险暴露。本书在测算个体多维贫困脆弱性时，在具体指标上，与多维贫困指标的选取相关，体现了个体在收入、教育、健康、医疗和生活水平等多方面被剥夺的风险。

5.1.3.1 农户多维贫困脆弱性的识别

预期的贫困脆弱性是指个人或家庭在将来陷入贫困的可能性（Gaiha & Imai，2008）。在此概念下，与贫困的识别有一个相似的发展过程，贫困脆弱性的识别也经历了从单维到多维的发展。本书主要参考纳斯里和贝勒哈吉（Nasri & Belhadj，2018）和加利亚多（Gallardo，2020）对多维贫困脆弱性的识别方法，分析我国农户的多维贫困脆弱性。

加利亚多（Gallardo，2020）提出了一个新的方法衡量多维贫困脆弱性指数（VMPI），可以用来评估多维贫困指数（MPI）所衡量的贫困脆弱性。VMPI 与以往的衡量方法有些不同，第一，VMPI 允许使用横截面板数据进行分析；第二，VMPI 不仅适用于多类别或序数变量度量的福利维度，也适用于二元变量度量的福利维度；第三，VMPI 并不是通过多种匮乏的综合指标以单维方式直接计算出来的，而是多维计算的，在第一步估计每个福利指标中被剥夺的风险，而脆弱性的多维综合指标仅在第二步中产生；第四，VMPI 将弱势群体包括在内，不仅包括那些有可能成为穷人的非穷人，还包括那些本来就很穷的人，仍然处于贫困的危险之中；第五，与以往的多维脆弱性方法相比，VMPI 的显著特点是它以平均风险优势准则为支撑，将下行风险作为脆弱性的一个基本特征。

假设有 N 个个体，$i = 1$，2，3，…，N；M 个福利维度，$m = 1$，2，3，…，M（本章 $M = 11$）；y_{im} 表示个体 i 在第 m 个福利指标的福利结果，个体 i 在时间 t 的福利则可以用向量 $y_i = (y_{i1}, y_{i2}, …, y_{iM})$ 表示。其中，y_{im} 可以是多类别或序数变量度量的，也可以是二分类的。若 y_{im} 是多类别或序数变量度量的，其概率密度函数是未知的。若 y_{im} 是二分类变量度量的，则其遵循伯努利概率过程，在被剥夺的情况下，二分类变量 y_{im} 等于 1；在福利属性存在即没有被剥夺的情况下，y_{im} 等于 0。在本章，y_{im} 是二分类变量，表示个体 i 在第 m 个福利指标上的被剥夺状态。因此，下文在介绍时，也主要介绍 y_{im} 为二分类时农户多维贫困脆弱性的衡量过程。

加利亚多（Gallardo，2013）基于消费者偏好框架，介绍了利用下行均值—半偏差衡量单维贫困（消费或收入等）脆弱性的方法。2020 年，加利亚多（Gallardo，2020）又将此方法扩展为多维贫困脆弱性的识别。基于此，本章将个体是否处于多维贫困脆弱识别如下。

单维贫困脆弱性的识别：设 z_m 为福利维度 y_m 的脆弱性阈值。当 $\mu_{im} - \gamma_m r_{im} \geqslant z_m^v$ 时，个体 i 在福利维度 m 上是贫困脆弱的。对于伯努利福利变量，z_m^v 等于一个概率阈值，$\mu_{im} - \gamma_m r_{im}$ 也在（0，1）的区间。

其中，$\mu_i = (\mu_{i1}, \mu_{i2}, \cdots, \mu_{iM})$ 和 $r_i = (r_{i1}, r_{i2}, \cdots, r_{iM})$ 分别表示 y_i 的期望向量和风险参数向量。$r_{im} \in R_+$，因此，$r_{im} \leqslant \mu_{im}$ 代表 y_{im} 偏离期望值 μ_{im} 以下的风险，并将标准下行均值—半偏差作为每个福利维度 m 中的风险参数。对于伯努利福利变量，标准下行均值—半偏差的具体形式为：$\sigma \overline{im} = \sqrt{p_{im}^2 (1 - p_{im})}$，即公式中的 $r_{im} \approx \sqrt{p_{im}^2 (1 - p_{im})}$。$p_{im}$ 为个体 i 在福利维度 m 上贫困（或被剥夺）的概率，也等于 y_{im} 的期望值。$\gamma = (\gamma_1, \gamma_2, \gamma_3, \gamma_4, \cdots, \gamma_M)$ 表示风险规避系数。因此，对于伯努利福利变量，一维贫困脆弱性的识别也可以表示为：

当 $p_{im} - \gamma_m \sqrt{p_{im}^2 (1-p_{im})} \geq z_m^v$ 时，个体 i 在福利维度 m 上容易遭受贫困，即个体 i 在福利维度 m 上是贫困脆弱的。

在识别出单维贫困脆弱性之后，借鉴"A-F"方法解决多维贫困脆弱性度量的多维识别问题。设 g_{im}^{v0} 为指示函数，当个体 i 在福利维度 m 中脆弱时，其值为 1，否则为 0。$w = (w_1, \cdots, w_M)$ 为 M 个福利维度的权重向量，满足 $\sum_{m=1}^{M} w_m = 1$。将个体 i 的脆弱性得分定义为加权和：

$$s_i^v = \sum_{m=1}^{M} w_m g_{im}^{v0} \qquad (5-1)$$

根据这一脆弱性得分，个体多维贫困脆弱性可以根据以下标准确定。

多维贫困脆弱性的识别：当 $s_i^v \geq k$ 时，个体 i 在多维空间 R^M 中就很容易遭受贫困，即个体 i 是多维贫困脆弱的，其中 k 是多维贫困脆弱性阈值。设 $I(k)$ 为多维贫困脆弱的指示函数，当个体被识别为多维贫困脆弱时，其值为 1，否则为 0。

$$I_i(k) = \begin{cases} 1, & s_i^v \geq k \\ 0, & s_i^v < k \end{cases} \qquad (5-2)$$

关于多维贫困脆弱性阈值 k 的选择，遵循"A-F"方法中的中间解决方案，既不会将至少一个福利维度上是贫困脆弱的人就定义为多维贫困脆弱，也不会仅将在所有方面均是贫困脆弱的人才归类为多维贫困脆弱，而是介于这两个极端之间的一个中间阈值。

在识别出农户是否多维贫困脆弱后，我们就可以进一步计算包含更多信息的多维贫困脆弱指数，即在一个总体上量化人口中易受多层面贫困影响的数量。

最简单的指数，即人口中易受多维贫困影响的人口百分比（多维贫困脆弱发生率）：

$$H^V = \frac{1}{N} \sum_{i=1}^{N} I_i(k) \tag{5-3}$$

但是，H^V 的度量和 "A-F" 多维贫困衡量方法中的 H 一样，不能捕获农户所经历的脆弱性的强度/深度。借鉴 "A-F" 方法，定义了一个更通用、更合适的多维综合脆弱性度量。设个体 i 在福利维度 m 中的 α 阶归一化脆弱性缺口：

$$g_{im}^{\alpha} = g_{im}^{v0} \left[\frac{(\mu_{im} - \gamma_m r_{im}) - z_m^v}{z_m^v} \right]^{\alpha}, \; \alpha \geqslant 0 \tag{5-4}$$

其中，g_{im}^{α} 表示个体 i 在福利维度 m 上的脆弱性强度。一个一般性的 α 阶多维贫困脆弱性的衡量方法即：

$$V^{\alpha}(Y, \gamma, z^v, k) = \frac{1}{N} \sum_{i=1}^{N} \sum_{m=1}^{M} w_m g_{im}^{\alpha} I_i(k), \; \alpha \geqslant 0 \tag{5-5}$$

当 $\alpha = 0$ 时，得到调整后的人数比率即多维贫困脆弱指数（VMPI）V^0（根据弱势群体所受剥夺的百分比进行调整）。V^0 类似于 MPI 框架中的 M_0，也是两个指标的乘积：脆弱人口比例 H^V 和平均脆弱性强度 A^V（脆弱群体的平均脆弱得分）。

$$V^0(Y, \gamma, z^v, k) = \frac{1}{N} \sum_{i=1}^{N} \sum_{m=1}^{M} w_m g_{im}^{v0} I_i(k) = H^V \times A^V$$

$$\tag{5-6}$$

当 $\alpha = 1$ 和 $\alpha = 2$ 时，分别获得调整后的多维脆弱性缺口 V^1 和调整后的多维脆弱性平方缺口 V^2。

5.1.3.2 单维贫困脆弱性阈值的确定——基于 ROC 曲线

对于单维福利维度的脆弱性阈值 z_m^v，本书运用接受者操作特性曲线（ROC 曲线）确定。ROC 曲线是一种完善的工具，用于量化和比较许多领域的二元诊断技术的准确性。ROC 曲线通过评价模型的性能，进而可以在不同模型之间选择最优模型，或者在同一模型中选择最优点对应的最优模型。通过 ROC 曲线确定脆弱阈值，能够增强农户多维贫困脆弱识别的准确性。根据农户在某一福利维度上被剥夺的真实情况和经过模型预测（根据某一阈值）的被剥夺情况，可以将农户划分为 4 种情况，包括真阳性（true positives）、假阳性（false positives）、真阴性（true negatives）和假阴性（false negatives），见表 5 - 3。

表 5 - 3　　　单一福利维度剥夺状态的真实情况和预测结果列联

真实情况	预测结果		
	剥夺 - 1	不剥夺 - 0	总计
剥夺 - 1	TP（被正确预测为剥夺）	FN（被错误预测为不剥夺）	TP + FN（实际被剥夺的样本数）
不剥夺 - 0	FP（被错误预测为剥夺）	TN（被正确预测为不剥夺）	FP + TN（实际没有被剥夺的样本数）
总计	TP + FP（被预测为剥夺的样本数）	FN + TN（被预测为不剥夺的样本数）	总样本数

根据上述 4 种情况，我们可以计算统计量：

$$TPR = \frac{被正确预测为剥夺的样本数}{实际被剥夺的样本数} = \frac{TP}{TP + FN}$$

$$FPR = \frac{被错误预测为剥夺的样本数}{实际没有被剥夺的样本数} = \frac{FP}{FP + TN}$$

特异度（Specificity）$= 1 - FPR = TN/(FP + TN)$

其中，TPR 也被称为灵敏度（sensitivity）。对于每一个福利维度，选择不同的阈值会有不同的预测结果，进而 TPR、FPR 等统计量也不同。本书使用 Probit/Logit 模型得到农户 i 在某一福利维度 m 被剥夺的概率 p_{im}，然后，将得到的所有农户的被剥夺概率按降序排列，并将每一个概率视为潜在的脆弱性阈值，比较各个潜在脆弱性阈值下的分类与农户实际的被剥夺状况，得到相应的统计量 TPR、FPR 等。据此，我们以 FPR 为横坐标，以 TPR 为纵坐标画 ROC 曲线。因此，ROC 曲线上不同的点代表不同阈值选择下的预测性能。

本书的最优阈值选择依据为：被正确预测为剥夺的样本数越多越好，而被错误预测为剥夺的样本数越少越好。最好的情况则为所有实际被剥夺的样本均被正确预测，而所有没有被剥夺的样本均不被错误预测，即 TPR = 1、FPR = 0 的情况，在 ROC 曲线上即为（0，1）点。因此，我们选择 ROC 曲线上距离（0，1）点最近的点所对应的阈值为单维贫困脆弱性阈值。

本节同时用 Probit 和 Logit 模型对 2010 ~ 2018 年农户在各福

利维度的被剥夺情况进行了预测，两者的结果较为相似。由于篇幅限制，本节仅列出了 2018 年家庭人均纯收入剥夺和成人平均教育剥夺阈值的 ROC 曲线图，如图 5 - 2 和图 5 - 3 所示。图中，纵坐标表示 TPR，即灵敏度，横坐标表示特异度（specificity），但是是相反的方向。因此，其与纵坐标为 TPR、横坐标为 FPR 的 ROC 曲线图是一样的。

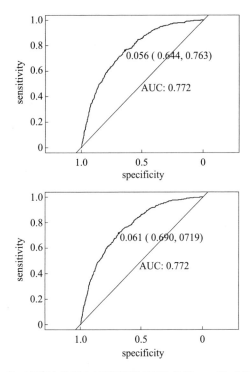

图 5 - 2　家庭人均收入剥夺阈值 ROC 曲线——Probit/Logit

资料来源：根据中国家庭追踪调查数据库（CFPS）数据计算所得。

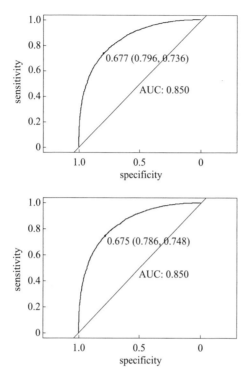

图5-3 成人平均教育剥夺阈值 ROC 曲线——Probit/Logit

资料来源：根据中国家庭追踪调查数据库（CFPS）数据计算所得。

基于各福利维度的 ROC 曲线图，整理出各福利维度对应的脆弱性阈值，结果见表5-4。表5-4仅显示了2018年各福利维度的脆弱性阈值（其他年份的数据见附录C），括号里面的数据表示在最优阈值下的特异度和灵敏度，两者的值均为越大越好（特异度 = 1 - FPR，FPR 越小越好，则特异度越大越好），AUC表示曲线下方的面积。

从表5-4中可以看出，各福利维度的贫困脆弱性阈值是不一样的，若我们按照同一标准进行判断，出错率可能会大大提高。利用 ROC 曲线这一客观的判断标准，可以提高我们预测结果的准确性。

表5-4　　　　　　　　　2018 年各福利维度脆弱性阈值

指标	Probit 模型估计	Logit 模型估计
家庭人均纯收入	0.056（0.644，0.763），AUC＝0.772	0.061（0.690，0.719），AUC＝0.772
成人平均教育	0.677（0.796，0.736），AUC＝0.850	0.675（0.786，0.748），AUC＝0.850
适龄儿童辍学	0.009（0.738，0.759），AUC＝0.835	0.008（0.729，0.771），AUC＝0.829
成人自评健康	0.263（0.656，0.575），AUC＝0.654	0.248（0.614，0.617），AUC＝0.654
儿童营养不良	0.099（0.647，0.871），AUC＝0.832	0.100（0.655，0.863），AUC＝0.831
医疗保险	0.192（0.578，0.623），AUC＝0.640	0.192（0.587，0.617），AUC＝0.640
家庭做饭用水	0.305（0.532，0.635），AUC＝0.612	0.302（0.521，0.645），AUC＝0.612
家庭做饭燃料	0.347（0.600，0.730），AUC＝0.720	0.344（0.599，0.728），AUC＝0.720
家庭用电	0.016（0.830，0.746），AUC＝0.863	0.009（0.744，0.831），AUC＝0.861
家庭资产	0.365（0.777，0.513），AUC＝0.698	0.359（0.767，0.523），AUC＝0.698
家庭住房	0.037（0.623，0.756），AUC＝0.758	0.036（0.619，0.753），AUC＝0.755

资料来源：根据中国家庭追踪调查数据库（CFPS）数据计算所得。

5.1.3.3　农户多维贫困脆弱性结果分析

在计算的过程中，除了要确定单维福利维度的脆弱性阈值，还涉及风险规避系数 γ_m 的选择和 k 临界值的选择。加利亚多（Gallardo，2020）认为，弱势家庭的总数不仅包括贫困导致的脆弱性，也包括风险导致的脆弱性。因此，对于 γ_m 的选择，应使得脆弱性人数比率 H^V 大于多维贫困人口比率 H。$\gamma_m \in (0, 1)$，经过试验，本书选择 2010 年、2012 年、2014 年、2016 年、2018 年的 γ_m 分别为 0.4、0.3、0.3、0.5、0.5（各福利维度的 γ 相同）。对于 k 临界值的选择，我们借鉴"A-F"方法的选择，$k = 0.3$。据此，本节计算了 2010～2018 年农户的多维贫困脆弱情况，见表 5-5。

表 5-5　　　　　**2010～2018 年农户多维贫困脆弱指数**

指标	2010 年	2012 年	2014 年	2016 年	2018 年
多维贫困人口比率 H	36.02%	42.28%	35.32%	23.33%	18.83%
多维贫困脆弱人口比率 H^V（Probit）	42.11%	48.63%	45.07%	26.95%	26.19%
多维贫困脆弱人口比率 H^V（Logit）	40.03%	47.05%	46.81%	26.97%	25.07%
脆弱群体平均脆弱强度 A^V（Probit）	0.5101	0.4985	0.5094	0.5071	0.4407
脆弱群体平均脆弱强度 A^V（Logit）	0.5204	0.4949	0.5074	0.5084	0.4467
多维贫困脆弱指数 $VMPI$（Probit）	0.2148	0.2424	0.2296	0.1367	0.1154
多维贫困脆弱指数 $VMPI$（Logit）	0.2083	0.2328	0.2375	0.1371	0.1120
多维脆弱性缺口 V^1（Probit）	0.1150	0.1182	0.1101	0.0694	0.0765
多维脆弱性缺口 V^1（Logit）	0.1109	0.1178	0.1187	0.0774	0.0805
多维脆弱性平方缺口 V^2（Probit）	0.1504	0.1499	0.1669	0.1314	0.2144
多维脆弱性平方缺口 V^2（Logit）	0.1497	0.1775	0.1905	0.1986	0.3360

资料来源：根据中国家庭追踪调查数据库（CFPS）数据计算所得。

从表 5-5 中可以看出，通过 Probit 模型和 Logit 模型计算的各多维贫困脆弱指数有一定差异，但差异不大。在 γ_m 的选择下，各年多维贫困脆弱人口比率 H^V 均大于多维贫困人口比率 H。2010～2018 年，除多维贫困脆弱性平方缺口外，各多维贫困脆弱指数均有下降的趋势。多维贫困脆弱人口比率从 2010 年的 42.11%（40.03%）下降至 2018 年的 26.19%（25.07%），下降了 15.92%（14.96%）；脆弱群体平均脆弱强度也从 2010 年的 0.5101（0.5204）下降至 2018 年的 0.4407（0.4467），下降了 0.0694（0.0737）；多维贫困脆弱指数 VMPI 是多维贫困脆弱人口比率和脆弱群体平均脆弱强度的乘积，也呈现下降趋势，从 2010 年的 0.2148（0.2083）下降至 2018 年的 0.1154（0.1120）；能够捕获农户所经历的贫困脆弱性深度的多维脆弱性缺口也呈现下降趋势，但多维脆弱性平方缺口则没有明显的变动规律。因此，农户的多维贫困脆弱性情况好转趋势明显，但还有较大的提升空间。2018 年，仍然还有 26% 左右的人口处于多维贫困脆弱状态。脆弱群体的平均脆弱强度均在 0.4 以上，且多为 0.5 以上，表明脆弱群体更可能在 2 个或 3 个以上的福利维度上被剥夺（这里的福利维度与上文所指的福利维度划分不同，上文指的是二级指标，这里是指一级指标，共 5 个福利维度）。

本节也测算了不同地区农户的多维贫困脆弱状态，结果见表 5－6。表中数据是各地区多维贫困脆弱人口比率，前者是 Probit 模型所得结果，后者是 Logit 模型所得结果。从表中可以看出，西部地区多维贫困脆弱人口比率最高，2010 年高达 59.09%，2018 年下降为 28.90%，其次为东部地区，中部地区多维贫困脆弱人口比率最低，2018 年为 22.27%。因此，相对来说，西部地区的农户更容易陷入多维贫困状态。

表5-6 多维贫困脆弱人口比率的地区差异 单位:%

指标	2010 年	2012 年	2014 年	2016 年	2018 年
东部地区	35.97/32.50	44.52/42.97	40.86/42.54	23.88/23.69	26.71/25.17
中部地区	30.36/28.45	43.09/41.79	36.42/37.79	19.08/18.87	22.27/20.59
西部地区	59.09/58.32	58.22/56.37	58.42/60.60	37.64/38.10	28.90/28.73

资料来源:根据中国家庭追踪调查数据库（CFPS）数据计算所得。

5.2 数据来源、变量说明与模型设定

5.2.1 数据来源与变量说明

本章数据来源与第4章相同,关于数据的详细介绍,我们在此不再赘述。其中,关于农户多维相对贫困经历时间和多维相对贫困转移的分析,主要利用基于个体编码筛选出的 2010～2018 年均有相关数据的样本合成的面板数据。而关于多维贫困脆弱性的分析,我们还利用了 2010～2018 年 5 年的截面数据。本章的主要被解释变量仍然为农户的主观贫困,控制变量也与第 4 章的一致,此处不再赘述。

本章的主要解释变量为农户多维相对贫困经历时间、多维贫困转移和多维贫困脆弱状态。其中,多维相对贫困经历时间可以看作连续数据,多维贫困脆弱状态为 0～1 的二值变量,均可以直接纳入模型计算。但农户多维贫困转移类型包括 4 种,分别为一直多维相对不贫困,由多维相对贫困转向多维相对不贫困(脱

贫），由多维相对不贫困转向多维相对贫困（返贫）和一直多维相对贫困。在实证分析时，我们将其中一种类型，如一直多维不贫困，作为参照组，而将其他组作为处理组，以此分析多维相对贫困转移类型对农户主观贫困的影响。相关变量的具体说明和描述性统计结果见表 5 – 7，表中数据主要根据面板数据中 2018 年样本数据计算所得。

表 5 – 7　　　农户多维相对贫困动态特征变量说明与描述性统计

变量	符号	变量说明与赋值	均值	标准差	最小值	最大值
多维相对贫困经历时间	MPE	2010 年、2012 年、2014 年、2016 年、2018 年农户经历贫困年数，0 = 经历 0 年，1 = 经历 1 年，2 = 经历 2 年，3 = 经历 3 年，4 = 经历 4 年，5 = 经历 5 年	1.49	1.38	0	5
多维贫困脆弱	VMP	经测度整理所得，1 = 多维贫困脆弱，0 = 多维贫困不脆弱	0.26	0.44	0	1
多维相对贫困转移	TMP	在相邻的两年中（如 2010 年和 2012 年），农户多维相对贫困状态的转变	—	—	—	—
一直多维不贫困	TMP1	1 = 在相邻的两年中，农户一直处于多维相对不贫困状态，0 = 其他	0.70	0.46	0	1
一直多维相对贫困	TMP2	1 = 在相邻的两年中，农户一直处于多维相对贫困状态，0 = 其他	0.09	0.28	0	1

变量	符号	变量说明与赋值	均值	标准差	最小值	最大值
多维相对贫困→多维不贫困（脱贫）	TMP3	1 = 在相邻的两年中，农户由多维相对贫困状态转向多维相对不贫困状态，0 = 其他	0.13	0.33	0	1
多维不贫困→多维相对贫困（返贫）	TMP4	1 = 在相邻的两年中，农户由多维相对不贫困状态转向多维相对贫困状态，0 = 其他	0.09	0.28	0	1

资料来源：根据中国家庭追踪调查数据库（CFPS）数据计算所得。

5.2.2 模型设定

由于本章的主要被解释变量仍然是农户的主观贫困状态，为二值变量，因此，本章仍然主要利用二值选择模型（Logit）和面板二值选择模型（Logit）进行分析。具体我们在第4章已经详细介绍，本节我们将简要介绍，主要列出面板二值模型中主观贫困潜变量的回归方程。

对于多维相对贫困经历时间与农户主观贫困关系的分析，我们建立以下回归模型［式（5-7）］。其中，SP_{it}^* 为农户 i 在时间 t 的主观贫困状态的潜变量，与第4章一致，我们不再详细阐述。MPE_{it} 为农户 i 在时间 t 前经历多维相对贫困的年数，$MPE_{it} = 0$，1，2，3，4，5。x_i 为控制变量，包括农户的年龄、性别、婚姻、慢性疾病、教育水平、工作状态、家庭规模和地区等变量。

$$SP_{it}^* = \alpha + \beta MPE_{it} + \gamma x_{it} + \mu_i + \varepsilon_{it} \qquad (5-7)$$

对于多维贫困脆弱与农户主观贫困关系的分析，我们建立以下回归模型［式（5-8）］。其中，SP_{it}^*、x_i 均与上文一致，VMP_{it} 为农户 i 在时间 t 的多维贫困脆弱状态，$VMP_{it}=1$ 表示农户 i 在时间 t 处于多维贫困脆弱状态，$VMP_{it}=0$ 表示农户 i 在时间 t 处于多维贫困不脆弱状态。

$$SP_{it}^* = \alpha + \beta VMP_{it} + \gamma x_{it} + \mu_i + \varepsilon_{it} \qquad (5-8)$$

对于多维相对贫困转移与农户主观贫困关系的分析，我们以不同的群体为参照。首先，我们以一直多维相对不贫困农户为参照，建立以下回归模型［式（5-9）］。其中，SP_{it}^*、x_i 均与上文一致，$TMP2_{it}$、$TMP3_{it}$、$TMP4_{it}$ 表示农户在 $t-1$ 到 t 时间多维相对贫困转移的类型。$TMP2_{it}=1$ 表示农户在时间 $t-1$ 和时间 t 一直处于多维相对贫困状态；$TMP3_{it}=1$ 表示农户在时间 $t-1$ 处于多维相对贫困状态，而在时间 t 处于多维相对不贫困状态；$TMP4_{it}=1$ 表示农户在时间 $t-1$ 处于多维相对不贫困状态，而在时间 t 处于多维相对贫困状态。

$$SP_{it}^* = \alpha + \beta_1 TMP2_{it} + \beta_2 TMP3_{it} + \beta_3 TMP4_{it} + \gamma x_{it} + \mu_i + \varepsilon_{it}$$
$$(5-9)$$

接着，我们以脱贫农户为参照，建立以下回归模型［式（5-10）］。其中，SP_{it}^*、$TMP2_{it}$、$TMP4_{it}$、x_i 均与上文一致，$TMP1_{it}=1$ 表示农户在时间 $t-1$ 和时间 t 一直处于多维相对不贫困状态。

$$SP_{it}^* = \alpha + \beta_1' TMP1_{it} + \beta_2' TMP2_{it} + \beta_3' TMP4_{it} + \gamma x_{it} + \mu_i + \varepsilon_{it}$$
$$(5-10)$$

5.3　多维相对贫困的动态转变对农户主观
贫困影响的实证分析

5.3.1　多维相对贫困动态特征与农户主观贫困描述
性统计分析

　　本节首先利用列联表初步探索多维相对贫困动态特征与农户主观贫困的关系，包括农户多维相对贫困经历时间、农户多维相对贫困的转移，以及农户多维贫困脆弱性。其次，再利用 Logit 模型、面板二值（随机效应）模型等进行统计检验，进一步分析农户多维相对贫困动态特征与主观贫困的关系。

　　表 5-8 显示了农户多维相对贫困经历时间与农户主观贫困人口比率的列联表结果。由于本章计算的多维相对贫困经历时间是 2010~2018 年的结果，因此，主观贫困我们用 2018 年的数据。

表 5-8　　不同多维相对贫困经历时间群体的主观贫困
人口比率差异（2018 年）　　　　单位：%

多维相对贫困经历时间	主观贫困人口比率			多维相对贫困类型（三标准衡量的主观贫困人口比率）
	幸福感标准	满意度标准	收入评价标准	
0 年	0.97	1.06	8.49	一直不贫困（0.97/1.06/8.49）
1 年	1.87	1.29	10.30	暂时性贫困（1.65/1.58/10.23）
2 年	1.36	1.97	10.14	

续表

多维相对贫困经历时间	主观贫困人口比率			多维相对贫困类型（三标准衡量的主观贫困人口比率）
	幸福感标准	满意度标准	收入评价标准	
3 年	2.64	1.98	11.43	慢性贫困（3.68/2.41/13.85）
4 年	4.66	2.54	16.95	
5 年	6.25	4.17	17.71	
总计	1.92	1.62	10.55	—

资料来源：根据中国家庭追踪调查数据库（CFPS）数据计算所得。

从表 5-8 中可以看出，随着农户多维相对贫困经历时间的提高，农户主观贫困的概率也随之提高。多维相对贫困经历时间为 0 年的农户群体中，即 2010～2018 年（均指 2010 年、2012 年、2014 年、2016 年、2018 年，下同）均没有经历多维相对贫困的群体中，三个标准衡量的农户主观贫困的人口比率分别为 0.97%、1.06%、8.49%；多维相对贫困经历时间为 3 年的农户群体中，三个标准衡量的农户主观贫困的人口比率分别为 2.64%、1.98%、11.43%；而多维相对贫困经历时间为 5 年的农户群体中，即 2010～2018 年每年都处于多维相对贫困状态的群体中，三个标准衡量的农户主观贫困的人口比率分别为 6.25%、4.17%、17.71%。

根据农户多维相对贫困经历时间，本书将农户划分为一直不贫困农户、暂时性贫困农户和慢性贫困农户。从表 5-9 中也可以看出，慢性贫困群体的主观贫困人口比率最高（3.68%、

2.41%、13.85%），暂时性贫困群体次之，而一直不贫困群体的主观贫困人口比率最低，这与农户多维相对贫困经历时间的分析是一致的。

表 5 - 9 显示了农户多维相对贫困转移与农户主观贫困人口比率的列联表结果。由于 2012 年和 2016 年没有幸福感的数据，因此，我们只列出了满意度和收入评价标准衡量的主观贫困结果。

表 5 - 9　　　　多维相对贫困转移与农户主观贫困人口比率　　　　单位:%

多维相对贫困转移	2010～2012 年		2012～2014 年	
	满意度标准	收入评价标准	满意度标准	收入评价标准
一直多维相对不贫困	4.47	18.98	2.58	14.11
一直多维相对贫困	8.61	33.98	5.76	25.57
脱贫	7.24	23.68	3.92	18.57
返贫	5.57	29.37	4.15	22.07
多维相对贫困转移	2014～2016 年		2016～2018 年	
一直多维相对不贫困	3.28	17.23	1.50	9.66
一直多维相对贫困	6.97	28.37	1.75	14.74
脱贫	3.76	19.67	1.87	13.35
返贫	4.39	22.97	2.10	9.44

资料来源：根据中国家庭追踪调查数据库（CFPS）数据计算所得。

从表 5 - 9 中可以看出，一直不贫困农户群体的主观贫困人口比率也是最低的，而一直处于多维相对贫困状态农户群体的主观贫困人口比率是最高的。如 2014～2016 年满意度标准和收入标准衡量的一直不贫困群体的主观贫困人口比率分别为 3.28%、17.23%，而一直贫困群体的主观贫困人口比率则分别为 6.97%、

28.37%。同时，相对于脱贫群体而言，返贫群体的主观贫困人口比率较高，如 2012～2014 年满意度标准和收入标准衡量的脱贫群体的主观贫困人口比率分别为 3.92%、18.57%，而返贫群体的主观贫困人口比率则分别为 4.15%、22.07%，说明脱贫在一定程度上可以降低农户主观贫困的概率。

表 5-10 显示了农户多维贫困脆弱性与农户主观贫困人口比率的列联表结果。由于表格篇幅的限制，我们仅列出了 2012 年、2014 年、2016 年、2018 年的结果，2010 年的结果与之反映的问题是一致的。从表中可以看出，利用 Probit 和 Logit 模型衡量的结果均显示出多维贫困脆弱群体的主观贫困人口比率更高。2018 年，三个标准衡量的多维贫困脆弱（Probit）群体的主观贫困人口比率分别为 7.91%、4.86%、12.77%，而多维贫困不脆弱群体（Probit）的主观贫困人口比率则分别为 5.75%、4.73%、9.00%，均低于相应脆弱群体的主观贫困人口比率，说明处于多维贫困脆弱状态的农户也更容易感觉到贫困（即主观贫困）。

表 5-10　　　　　　脆弱群体和不脆弱群体的主观贫困发生率差　　单位:%

多维贫困脆弱	2012 年		2014 年		
	满意度标准	收入评价标准	幸福感标准	满意度标准	收入评价标准
脆弱（Probit）	19.65	28.11	7.97	9.30	17.87
不脆弱（Probit）	17.06	22.51	6.19	7.73	16.33
脆弱（Logit）	19.74	28.01	7.99	9.35	17.94
不脆弱（Logit）	17.06	22.77	6.12	7.63	16.22

续表

多维贫困脆弱	2016 年		2018 年		
	满意度 标准	收入评价 标准	幸福感 标准	满意度 标准	收入评 价标准
脆弱（Probit）	13.64	24.81	7.91	4.86	12.77
不脆弱（Probit）	12.38	18.35	5.75	4.73	9.00
脆弱（Logit）	13.80	24.83	6.31	5.08	12.68
不脆弱（Logit）	12.32	18.34	5.65	4.66	9.09

资料来源：根据中国家庭追踪调查数据库（CFPS）数据计算所得。

5.3.2　多维相对贫困经历时间对农户主观贫困的影响分析

对于多维相对贫困经历时间与农户主观贫困的关系，本节基于面板数据中 2018 年的数据，利用 Logit 模型在统计上检验了农户多维相对贫困经历时间与主观贫困的关系，结果见表 5-11。由于我们主要的解释变量最小变化单位为 1，因此，表中报告的是概率比。

表 5-11　　多维相对贫困经历时间对农户主观贫困影响的
模型估计结果

指标	2018 年			2010~2018 年随机效应		
	幸福感 标准	满意度 标准	收入评 价标准	幸福感 标准	满意度 标准	收入评 价标准
多维相对贫困经历时间	1.35 ***	1.24 **	1.18 ***	1.31 ***	1.10 *	1.08 ***
年龄	1.23 **	1.07	1.02	1.16 **	1.03	1.00

续表

指标	2018 年			2010~2018 年随机效应		
	幸福感标准	满意度标准	收入评价标准	幸福感标准	满意度标准	收入评价标准
年龄平方	0.99 **	0.99	0.99	0.99 ***	0.99 *	0.99
性别	0.82	0.72	1.08	0.71 *	0.98	0.82 ***
慢性疾病	0.78	0.71	1.50 ***	1.36	1.19	1.24 ***
在婚（有配偶）	0.13 ***	0.23 **	0.62	0.23 ***	0.51 **	0.86
丧偶	0.40	1.00	0.32	0.71	0.74	1.37
离婚	0.17 **	0.68	0.98	0.88	0.86	1.11
小学学历	0.58	0.58	0.88	0.54 ***	0.57 ***	0.70 ***
初中学历	0.56	0.44 **	0.95	0.59 **	0.43 ***	0.64 ***
高中学历	0.16 *	1.09	0.81	0.49 *	0.43 ***	0.60 ***
大专学历	3.31	1.05	0.45	1.45	0.43	0.55
本科及以上	1.00	1.00	1.34	1.00	0.35	0.94
失业	2.72	1.00	5.94 ***	4.82 **	3.60 ***	2.23 **
退出劳动市场	1.25	0.34 *	1.97 ***	0.92	1.20	1.96 ***
全日制在学	1.00	9.29	7.97	1.00	6.65	1.01
家庭规模	1.06	1.01	0.96	0.95	0.92 **	0.97 *
西部地区	2.08 **	1.08	0.88	1.55 **	0.89	0.91
东部地区	0.90	0.36 **	1.20	0.78	0.69 **	0.99
截距项	0.0004 ***	0.05	0.09 **	0.003 ***	0.07 ***	0.28 ***
样本数	3327	3267	3338	6657	13352	13352
Wald chi2	82.33 ***	60.93 ***	87.60 ***	98.80 ***	89.79 ***	186.36 ***
Pseudo R2	0.0989	0.0887	0.0357	—	—	—
预测准确率	98.08%	98.32%	89.45%	—	—	—

注：* 、** 、*** 分别表示 10%、5%、1% 的显著性水平。
资料来源：根据中国家庭追踪调查数据库（CFPS）数据计算所得。

从表5－11中可以看出，多维相对贫困经历时间对农户主观贫困具有显著的正向影响，说明农户多维相对贫困经历时间越长，其主观贫困的概率越高。在适应性理论的推导下，农户经历多维相对贫困的时间越长，越可能降低自己的预期。在对自己的生活状态适应之后，多维相对贫困对农户主观贫困的影响就会减弱。但我们的结论与此并不一致，可能是因为个体对这些负面事件需要更长的时间去适应，并且负面事件的影响并不会完全消失（余樱和景奉杰，2016）。具体地，从概率比数据来看，农户多维相对贫困经历时间每增加一年，幸福感标准衡量的农户主观贫困的概率比就会增加35%，满意度衡量的农户主观贫困的概率比就会增加24%，而收入评价标准衡量的农户主观贫困概率比就会增加18%。

本书也计算了农户多维相对贫困经历时间的累积和，即农户在某一年之前经历多维相对贫困的次数。如2014年农户的多维相对贫困经历时间则为2010年、2012年、2014年三年中处于多维相对贫困状态的年数；2016年农户的多维相对贫困经历时间则为2010年、2012年、2014年、2016年四年中处于多维相对贫困状态的年数；2018年农户的多维相对贫困经历时间则为2010年、2012年、2014年、2016年、2018年五年中处于多维相对贫困状态的年数。因此，每个个体每年均有对应的多维相对贫困经历时间数据，我们就可以利用构成的面板数据对多维相对贫困经历时间与农户主观贫困的关系进行再一次检验。在使用面板数据分析之前，经豪斯曼检验，最终选择随机效应模型分析更为合适。表5-11中右半部分为随机效应检验的结果，报告的也是概率比数据。

从表5-11中可以看出，多维相对贫困经历时间对农户主观贫困仍然具有显著的正向影响，农户多维相对贫困经历时间越长，其主观贫困的概率越高，这与上文的结果是一致的，说明我们的结果具有一定的稳健性。从概率比数据来看，农户多维相对贫困经历时间每增加一年，幸福感标准衡量的农户主观贫困的概率比就会增加31%，满意度衡量的农户主观贫困的概率比就会增加10%，而收入评价标准衡量的农户主观贫困概率比会增加8%。

5.3.3 多维相对贫困转移对农户主观贫困的影响分析

对于多维相对贫困转移与农户主观贫困的关系，本节主要基于面板数据，利用面板二值选择模型进行分析。由于2010年多维相对贫困转移数据缺失，我们仅利用2012~2018年的面板数据进行统计检验。对于农户多维相对贫困转移，我们以一直不贫困作为参照，研究一直多维相对贫困、脱贫和返贫三种转移类型对农户主观贫困的影响。经过豪斯曼检验，三个主观贫困标准模型均选择随机效应模型更为合适，结果见表5-12。表中数据与上文一致，报告的数据是概率比。

表5-12 多维相对贫困转移对农户主观贫困影响的随机
效应模型结果（以一直不贫困为参照）

指标（以一直不贫困为参照）	2012~2018年随机效应		
	幸福感标准	满意度标准	收入评价标准
一直多维相对贫困	2.64***	2.38***	2.25***
多维相对贫困→多维不贫困（脱贫）	2.17***	1.48***	1.42***
多维不贫困→多维相对贫困（返贫）	1.65*	1.59***	1.83***
年龄	1.16***	1.04	1.01
年龄平方	0.99***	0.99**	0.99
性别	0.70*	0.94	0.79***
慢性疾病	1.37	1.20	1.25***
在婚（有配偶）	0.24***	0.52**	0.86
丧偶	0.75	0.73	1.36
离婚	0.93	0.86	1.12
小学学历	0.55***	0.62***	0.75***
初中学历	0.62*	0.49***	0.73***
高中学历	0.50*	0.51**	0.70**
大专学历	1.55	0.52	0.68
本科及以上	1.00	0.49	1.33
失业	4.84**	3.63***	2.28**
退出劳动市场	0.91	1.16	1.92***
全日制在学	1.00	6.46	0.91
家庭规模	0.95	0.89***	0.94***
西部地区	1.63**	0.90	0.91
东部地区	0.78	0.70**	1.01
截距项	0.003***	0.05***	0.17***
样本数	6657	13352	13352
Wlad chi2	103.18***	117.24***	289.04***

注：*、**、***分别表示10%、5%、1%的显著性水平。
资料来源：根据中国家庭追踪调查数据库（CFPS）数据计算所得。

从表5-12中可以看出，农户多维相对贫困转移对农户主观
贫困具有显著正向影响。相对于一直不贫困农户而言，一直多维

相对贫困农户、返贫农户和脱贫农户的主观贫困概率更高。概率比数据显示，相对于一直不贫困农户，三个标准衡量的一直多维相对贫困农户的主观贫困概率比将分别高出 164%、138%、125%；相对于一直不贫困农户，三个标准衡量的脱贫农户的主观贫困概率比将分别高出 117%、48%、42%；相对于一直不贫困农户，三个标准衡量的返贫农户的主观贫困概率比将分别高出 65%、59%、83%。

对于农户多维相对贫困转移，我们同时以脱贫作为参照，研究一直不贫困、一直多维相对贫困和返贫三种转移类型对农户主观贫困的影响。经过豪斯曼检验，三个主观贫困标准模型均选择随机效应模型更为合适，结果见表 5 - 13。表中数据与上文一致，报告的数据是概率比。

表 5 - 13　　　　多维相对贫困转移对农户主观贫困影响的随机
效应模型结果（以脱贫为参照）

变量（以脱贫为参照）	2012 ~ 2018 年随机效应		
	幸福感标准	满意度标准	收入评价标准
一直多维不贫困	0.46 ***	0.68 ***	0.71 ***
一直多维相对贫困	1.22	1.61 ***	1.59 ***
多维不贫困→多维相对贫困（返贫）	0.76	1.08	1.29 ***
控制变量	控制	控制	控制

注：*** 表示 1% 的显著性水平。
资料来源：根据中国家庭追踪调查数据库（CFPS）数据计算所得。

从表 5 - 13 中可以看出，一直不贫困对农户主观贫困具有显著的负向影响（概率比均小于 1），说明相对于脱贫农户而言，一直不贫困农户的主观贫困概率较低。概率比数据显示，相对于脱贫农户而言，三个标准衡量的一直不贫困农户的主观贫困概率比将分别降低54%、32%、29%。

对于一直多维相对贫困，满意度和收入评价标准衡量的主观贫困结果均有显著的正向影响，但幸福感标准衡量的主观贫困结果不显著，但概率比仍大于1，也表现出一定的正向影响。因此，总体来看，一直多维相对贫困对农户主观贫困具有显著正向影响，说明相对于脱贫农户而言，一直多维相对贫困农户的主观贫困概率更高。概率比数据显示，相对于脱贫农户而言，满意度和收入评价标准衡量的一直多维相对贫困农户的主观贫困概率比将分别提高61%、59%。

对于返贫，收入评价标准衡量的主观贫困结果显示，返贫对农户主观贫困具有显著的正向影响；满意度标准衡量的主观贫困结果也显示出正向影响，但不显著；而幸福感标准衡量的主观贫困结果则显示出负向影响，但也不显著。因此，总体来看，相对于脱贫农户，返贫农户的主观贫困概率可能会有提高。概率比数据显示，相对于脱贫农户而言，收入评价标准衡量的返贫农户的主观贫困概率比将提高29%。

5.3.4　多维贫困脆弱性对农户主观贫困的影响分析

对于多维贫困脆弱性与农户主观贫困的关系，本节基于2010～2018年各年的数据，利用 Logit 回归模型进行分析。由于表格篇幅的限制，表 5 - 14 列出了 2014 年、2018 年的回归（详细）结果，表 5 - 15 列出了 2010 年、2012 年、2016 年的回归（简要）结果。与上文一致，表中报告的数据是概率比。

表 5 - 14　　　　多维贫困脆弱性对农户主观贫困影响的模型
估计结果（2014 年/2018 年）

指标	2014 年			2018 年		
	幸福感标准	满意度标准	收入评价标准	幸福感标准	满意度标准	收入评价标准
多维贫困脆弱（Logit）	1.13	1.30 ***	1.12 **	1.30 **	1.13	1.31 ***
年龄	1.11 ***	1.05 ***	1.01	1.07 ***	1.11 ***	1.03
年龄平方	0.99 ***	0.99 ***	0.99	0.99 ***	0.99 ***	0.99 *
性别	1.23 ***	1.15 **	0.76 ***	1.05	1.17	1.03
慢性疾病	1.54 ***	1.57 ***	1.38 ***	1.44 ***	1.40 ***	1.37 ***
在婚（有配偶）	0.60 ***	0.56 ***	0.75 ***	0.46 ***	0.41 ***	0.84
丧偶	2.08 ***	1.97 ***	1.73 **	1.42	0.79	0.71
离婚	1.20	1.04	1.12	0.97	0.68	1.42
小学学历	0.71 ***	0.81 **	1.03	0.65 ***	0.80	0.97
初中学历	0.59 ***	0.66 ***	0.92	0.52 ***	0.78	0.89
高中学历	0.51 ***	0.58 ***	0.80 **	0.39 ***	0.74	0.72 **
大专学历	0.48 **	0.45 ***	0.75	0.87	0.65	0.55 **
本科及以上	1.00	0.52 *	0.49 **	0.33 ***	0.69	0.51 **
失业	1.84 *	2.02 ***	1.84 ***	2.22 **	2.09 *	3.59 ***
退出劳动市场	1.09	1.21 **	2.25 ***	1.02	1.03	1.80 ***
全日制在学	0.53 **	0.34 ***	0.97	0.43 **	0.21 ***	0.68
家庭规模	0.95 **	0.91 ***	0.94 **	0.96	1.02	0.96 **

续表

指标	2014 年			2018 年		
	幸福感标准	满意度标准	收入评价标准	幸福感标准	满意度标准	收入评价标准
西部地区	1.97 ***	1.21 **	0.88 **	1.75 ***	1.18	1.04
东部地区	1.01	1.16 **	0.92	1.15	1.11	1.16 *
截距项	0.01 ***	0.08 ***	0.22 ***	0.04 ***	0.01 ***	0.08 ***
样本数	13549	13668	13668	9028	9028	9028
LR chi2	328.86 ***	236.75 ***	535.20 ***	214.45 ***	81.95 ***	152.80 ***
Pseudo R2	0.0500	0.0318	0.0418	0.0467	0.0269	0.0246
预测准确率	92.94%	91.56%	82.95%	93.69%	95.24%	90.01%

注：*、**、*** 分别表示10%、5%、1%的显著性水平。
资料来源：根据中国家庭追踪调查数据库（CFPS）数据计算所得。

从表5-14中可以看出，多维贫困脆弱对农户主观贫困多呈现显著的正向影响，仅2014年幸福感标准和2018年满意度标准衡量的主观贫困结果不显著，但其概率比均大于1，仍表现出正向影响。因此，相对于多维贫困不脆弱农户，多维贫困脆弱农户的主观贫困概率更高。这可能是因为处于多维贫困脆弱状态，意味着农户未来陷入多维相对贫困的风险更大。对于正处于多维相对贫困状态的农户，其未来更有可能继续处于多维相对贫困之中，改善其生活状态的能力较弱。而对于现在没有处于多维相对贫困状态的农户，其未来则有很大可能陷入多维相对贫困之中，这也意味着其未来的生活水平很可能会降低。因此，处于多维贫困脆弱状态的农户对其未来的前景是不乐观的，甚至是气馁的。在其他条件相同的情况下，相对于没有处于多维贫困脆弱状态的农户，处于多维贫困脆弱状态的农户更有可能对自己的生活做出一个较低的评价。

具体地，概率比数据显示，多维贫困脆弱对幸福感标准和满意度标准衡量的主观贫困影响较大，而对收入评价标准衡量的主观贫困影响相对较低。相对于多维贫困不脆弱农户而言，2010 年和 2018 年幸福感标准衡量的多维贫困脆弱农户的主观贫困概率比将分别提高 39%、30%；2010 年、2012 年、2014 年、2016 年满意度标准衡量的多维贫困脆弱农户的主观贫困概率比将分别提高 19%、19%、30%、29%；收入评价标准衡量的多维贫困脆弱农户的主观贫困概率比仅 2018 年提高较大，达 31%，而 2010 年、2012 年、2014 年、2016 年将分别提高 16%、14%、26%、12%。

表 5 - 15　　多维贫困脆弱性对农户主观贫困影响的模型估计结果（2010 年/2012 年/2016 年）

指标	2010 年			2012 年		2016 年	
	幸福感标准	满意度标准	收入评价标准	满意度标准	收入评价标准	满意度标准	收入评价标准
多维贫困脆弱（Logit）	1. 39 ***	1. 19 ***	1. 16 ***	1. 19 ***	1. 14 ***	1. 29 ***	1. 26 ***
多维贫困脆弱（Probit）	1. 37 ***	1. 19 ***	1. 17 ***	1. 17 ***	1. 15 ***	1. 25 ***	1. 26 ***
控制变量	控制	控制	控制	控制	控制	控制	控制
预测准确率	90. 23%	84. 76%	71. 05%	81. 69%	74. 78%	87. 32%	79. 97%

注：*** 表示 1% 的显著性水平。
资料来源：根据中国家庭追踪调查数据库（CFPS）数据计算所得。

本书同时利用面板数据对多维贫困脆弱性与农户主观贫困的关系进行了分析。经过豪斯曼检验，幸福感标准、满意度标准和收入评价标准模型均在 5% 的显著性水平上选择随机效应更为合适，结果见表 5 – 16。与上文一致，表中报告的数据仍为概率比。

表 5 – 16　　　　　多维贫困脆弱性对农户主观贫困影响的随机
效应模型结果

指标	2010 ~ 2018 年随机效应		
	幸福感标准	满意度标准	收入评价标准
多维贫困脆弱 （Logit）	1. 30	1. 09	1. 15 **
多维贫困脆弱 （Probit）	1. 35 *	1. 11	1. 15 **
控制变量	控制	控制	控制

注：＊、＊＊分别表示10%、5%的显著性水平。
资料来源：根据中国家庭追踪调查数据库（CFPS）数据计算所得。

从表 5 – 16 中可以看出，多维贫困脆弱对幸福感标准和收入评价标准衡量的主观贫困均有显著的正向影响。概率比数据显示，相对于多维贫困不脆弱农户而言，幸福感标准衡量的多维贫困脆弱农户的主观贫困概率比将提高35%，收入评价标准衡量的多维贫困脆弱农户的主观贫困概率比将提高15%。而多维贫困脆弱对满意度标准衡量的主观贫困影响表现为不显著，但概率比大于1，也表现出一定的正向影响。因此，整体来看，多维贫困脆弱对农户主观贫困仍表现为一定的正向影响，与上文结果较为一致。

5. 4　本章小结

本章主要考察多维相对贫困动态特征与农户主观贫困的关系。多维相对贫困动态特征包括农户多维相对贫困的持续时间、多维相对贫困的转移，以及农户多维贫困脆弱性。基于此，我们比较了不同多维相对贫困动态特征下农户主观贫困的差异。最后，综合利用二值选择模型（Logit）和面板二值选择模型，实证检验了多维相对贫困动态特征对农户主观贫困的影响作用。

（1）农户的多维相对贫困状态仍以短期为主，暂时性贫困农户占比最高，慢性贫困农户占比最低。从农户多维相对贫困的转移情况来看，2012～2018 年，一直贫困和返贫农户的占比均在下降，而脱贫农户占比在 2016 年之前一直保持上升趋势，并且 2012 年之后，农户脱贫的比例均高于农户返贫的比例，这些均体现出我国农户多维相对贫困情况的好转。农户多维贫困脆弱指数也均有下降的趋势，西部地区多维贫困脆弱人口比率最高，其次为东部地区，中部地区多维贫困脆弱人口比率最低，说明西部地区的农户更容易陷入多维相对贫困。

（2）实证检验结果显示，农户多维相对贫困经历时间越长，其主观贫困的概率越高。农户多维相对贫困经历时间每增加一年，幸福感标准、满意度标准和收入评价标准衡量的农户主观贫困的概率比就会分别增加 35%、24%、18%，说明我国农户并不会适应他们自身长期处于贫困的状态。相对于一直多维不贫困农户而言，一直多维相对贫困农户、返贫农户和脱贫农户的主观贫困概率更高。相对于脱贫农户，返贫农户的主观贫困概率相对更高。相对于多维贫困不脆弱农户，多维贫困脆弱农户的主观贫困概率更高。2018 年，幸福感标准、满意度标准和收入评价标准衡量的农户主观贫困的概率比分别将提高 30%、13%、31%。

第6章 多维相对贫困对农户主观贫困的间接影响

前几章我们考察了多维相对贫困对农户主观贫困的直接影响。研究表明，多维相对贫困对农户主观贫困具有显著的正向影响，即相对于多维不贫困农户群体而言，多维相对贫困群体中农户主观贫困的概率更大。但多维相对贫困对农户主观贫困的影响机制是什么？多维相对贫困是否会通过某一中介变量而间接影响农户的主观贫困感受？如果有，那么多维相对贫困对农户主观贫困的直接效应和中介效应分别占比多少？这些问题都值得我们进一步深入探讨。

学者指出，一个人所体验到的满足程度与他的满足与总欲望的比例有关，欲望得到充分满足的人往往比欲望未得到满足的人更幸福（Michalos，1985）。莱韦尔等（Lever et al.，2005）研究认为，在墨西哥，一个人的物质生活状况和主观幸福感之间的关系是有限的，主观幸福的变化很大一部分不是由客观的经济变量直接影响的，而是由心理和社会变量间接影响的，如个体的个性、愿望、对环境的适应和动机等。韦格尔（Wagle，2007）认为，每个人的需要或需求、偏好、品位等可能是完全不同的。不同的社会成员面临不同的收入、消费、资产等生活水平时，个人是否经历贫困以及在多大程度上经历贫困取决于他们如何看待自己的生活条件。因此，个体的社会状态和心理状态可能极大地影响着这些客观指标在多大程度上衡量一个人的真正幸福。基于此，我们认为多维相对贫困对农户主观贫困的影响也可能会受到农户心理状态的影响。本章的研究框架如图6-1所示。

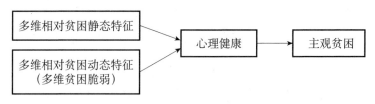

图6-1　多维相对贫困对主观贫困间接影响的研究框架

研究表明，客观贫困与心理健康之间可能存在双向的因果关系。沃兹沃思等（Wadsworth et al.，2008）根据社会因果假说，认为贫困会通过贫困产生的压力源，如经济压力、家庭冲突和日常纠纷等，对个体的心理健康产生不利影响。长期生活在贫困中的个体更容易产生抑郁、焦虑、敌意等心理健康问题。徐富明和黄龙（2020）指出，贫困对个体心理健康的影响，主要与个体所处的客观物质环境、社会心理环境，以及个体心理因素有关。贫困人口的居住条件一般比较恶劣，医疗设施也相对比较缺乏，这些都会直接影响个体的心理健康，并导致心理健康的进一步恶化。同时，贫困人口更容易受到暴力、欺凌和社会排斥，这些与个体抑郁、焦虑等不良情绪的产生密切相关。当然，贫困对心理健康的影响程度最终也会受到个体自身价值观、压力敏感性等的影响。但是，根据社会选择理论，心理健康也会导致个体陷入贫困。不良的心理健康状况会使个体产生直接和间接的经济损失，如较高的医疗成本、较低的工作效率，甚至失业等，最终导致个体陷入贫困之中（Das et al.，2007；Kleinman & Hall-Clifford，2009；徐富明等，2017）。巴特尔和陶布曼（Bartel & Taubman，1986）证明了心理健康的经济后果，研究表明心理健康不良会显著减少一个人的收入，而且这种影响可以持续长达15年。吴丽娟和罗淳（2021）研究了心理健康对农民工多维贫困的影响，认为农民工进城务工虽然解决了收入贫困，但却陷入了多维贫困，而消极的心理健康状态则是农民工陷入多维贫困的重要因素。因此，从以上研究可以看出，心理健康与客观贫困之间可能存在双向的影响关系。

我国对于心理健康与主观福祉的研究也很丰富，尤其是心理健康对老年人主观幸福的影响受到很多学者的关注。贾海彦和韩祎祎（2019）研究了心理健康对个体主观贫困的影响，认为相对于积极的心理状态，消极的心理状态更有利于降低主观贫困发生率。相对于持有积极心理状态的群体，持有消极心理状态的群体会更努力以摆脱贫困。持有积极心理状态的群体对自身的要求也较高，当其较高的需求得不到满足时，更容易认定自己是贫困的。李静和王月金（2015）研究了健康（包括身体健康和心理健康）对农户主观福祉的影响，认为相对于身体健康，心理健康对农户主观福祉的影响更大。还有部分学者特别研究了老年人的心理健康状况，及其对老年人主观幸福或生活满意度的影响。张秀敏等（2017）研究了老年人主观幸福的影响因素，在考察的所有因素中，社会支持、抑郁和焦虑的影响是最大的。随着年龄的提升，老年人不得不离开工作岗位居家养老，家庭地位下降，自尊心得不到满足。此外，老年人的身体素质也大不如从前，如对疾病的抵抗力、对事物的适应力等，由此产生的一些不良情绪，如抑郁和焦虑等，严重影响老年人的幸福感受。

从以上研究可以看出，客观经济变量（如贫困）对个体的心理健康具有显著影响，而心理健康对个体的主观福利也有一定的影响作用，但是国内关于心理健康在客观经济指标和主观福利之间的中介作用的研究还比较缺乏。并且，也有研究表明心理健康与贫困之间可能存在双向的因果关系，因此，在检验心理健康的中介作用时，需要更为精确的实证分析加以验证。基于此，本章利用基于反事实框架的因果中介效应分析方法，通过准贝叶斯蒙特卡洛近似（Quasi-Bayesian Monte Carlo）降低变量之间的内生性问题对结果造成的偏差，更准确地识别出心理健康在客观经济指标和主观贫困之间的中介作用。

6.1　心理健康的指标选取与测量

6.1.1　心理健康的指标选取

学者对于心理健康指标的选取，有简有繁，并不一致。李静和王月金（2015）用是否抑郁及其严重程度、是否焦虑及其严重程度等来表示农民心理健康状况；邓敏（2019）用在过去的四周中老人感到心情抑郁或沮丧的频繁程度表示老年人的心理健康状况；瞿小敏（2016）利用老人过去一周的生活感受来衡量，包括愉快、空虚、孤独等4个题项，并以量表的均值代表老人的心理健康水平。比较复杂的有，王和林（Wang & Lin，2011）和蔡笑伦等（2016）在测量心理健康时采用了Bond编制的包括12个题项的一般心理健康问卷（GHQ-12）。张秀敏等（2017）用分别有20个题项的焦虑自评量表和抑郁自评量表测度老年人的心理健康状况。也有学者运用更多选项的90项症状自评量表（SCL-90）衡量农民工的心理健康水平，包括躯体化、人际关系、抑郁、焦虑、敌对、偏执和精神病等9个因子（黄四林等，2015）。

CFPS数据库对个体心理的测量内容主要包括其个人特质、亲子关系和主观态度三大方面。为了保证测量的可靠性与数据的可比性，CFPS数据库尽可能地引用国际或国内已有的成熟量表。同时，结合中国社会的具体情况，对少量量表的内容进行了调整，并自行开发了一部分量表。CFPS 在 2010～2018 年的调查中共使用了近 20 个心理量表，在心理健康方面，主要包括罗森伯格自尊量表（RSES）、凯斯勒心理疾患量表（K6）、流调中心抑郁量表（CES-D）。其中，罗森伯格自尊量表（RSES）的调查对象主要集中于 10～21 岁，尤其是 16 岁以下的少儿，而凯斯勒心理疾患量表（K6）和流调中心抑郁量表（CES-D）的调查对象主要集中在 10 岁及以上少儿和成人。2010 年和 2014 年主要用的是凯斯勒心理疾患量表（K6），2012 年、2016 年、2018 年用的是流调中心抑郁量表（CES-D）。其中，凯斯勒心理疾患量表（K6）中，题项的赋值越大，代表心理健康水平越高，即心理越健康。而流调中心抑郁量表（CES-D）的设计大多是相反的，赋值越大，代表心理健康水平越低。为了与凯斯勒心理疾患量表（K6）保持一致，使加总分数能够指向一个统一的心理健康指标，我们将这些题项的赋值反转。最终，题项的赋值越大，代表农户的心理健康水平越高。量表的主要内容和赋值见表 6 - 1 和表 6 - 2。在下文的分析中，我们主要基于流调中心抑郁量表（CES-D）分析 2012 年、2016 年、2018 年农户的心理健康状况。

表 6 - 1　　　　　　　　凯斯勒心理疾患量表（K6）

测量题项：您最近 1 个月的情况？	赋值
1. 您感到情绪沮丧、郁闷、做什么事情都不能振奋的频率	1. 几乎每天；2. 经常；3. 一半时间；4. 有一些时候；5. 从不
2. 您感到精神紧张的频率	1. 几乎每天；2. 经常；3. 一半时间；4. 有一些时候；5. 从不

续表

测量题项：您最近1个月的情况？	赋值
3. 您感到坐卧不安、难以保持平静的频率	1. 几乎每天；2. 经常；3. 一半时间；4. 有一些时候；5. 从不
4. 您感到未来没有希望的频率	1. 几乎每天；2. 经常；3. 一半时间；4. 有一些时候；5. 从不
5. 您做任何事情都感到困难的频率	1. 几乎每天；2. 经常；3. 一半时间；4. 有一些时候；5. 从不
6. 您认为生活没有意义的频率	1. 几乎每天；2. 经常；3. 一半时间；4. 有一些时候；5. 从不

表6-2　　　　流调中心抑郁量表（CES-D）

测量题项：过去一周内各种感受或行为的发生频率？	赋值
1. 我感到情绪低落	1. 大多数时候（5~7天）；2. 经常有（3~4天）；3. 有时候（1~2天）；4. 几乎没有（<1天）
2. 我觉得做任何事都很费劲	1. 大多数时候（5~7天）；2. 经常有（3~4天）；3. 有时候（1~2天）；4. 几乎没有（<1天）
3. 我的睡眠不好	1. 大多数时候（5~7天）；2. 经常有（3~4天）；3. 有时候（1~2天）；4. 几乎没有（<1天）
4. 我感到愉快	1. 几乎没有（<1天）；2. 有时候（1~2天）；3. 经常有（3~4天）；4. 大多数时候（5~7天）
5. 我感到孤独	1. 大多数时候（5~7天）；2. 经常有（3~4天）；3. 有时候（1~2天）；4. 几乎没有（<1天）
6. 我生活快乐	1. 几乎没有（<1天）；2. 有时候（1~2天）；3. 经常有（3~4天）；4. 大多数时候（5~7天）
7. 我感到悲伤难过	1. 大多数时候（5~7天）；2. 经常有（3~4天）；3. 有时候（1~2天）；4. 几乎没有（<1天）
8. 我觉得生活无法继续	1. 大多数时候（5~7天）；2. 经常有（3~4天）；3. 有时候（1~2天）；4. 几乎没有（<1天）

6.1.2　心理健康的测量与描述性统计

我们对农户的心理健康量表［主要指流调中心抑郁量表（CES-D）］得分进行直接加总和求均值，并将得分总和及得分均值作为衡量农户心理健康水平的变量，其值越高，表示农户的心理健康水平越高。本书的心理健康量表（CES-D）总共有 8 个题项，每个题项的得分为 1 ~ 4 分，因此总分为 32 分。表 6 - 3 显示了 2012 年、2016 年、2018 年农户心理健康量表各指标的得分情况。

表 6 - 3　　　　　　　　农户心理健康水平特征

指标	2012 年	2016 年	2018 年
我感到情绪低落	3.35	3.34	3.26
我觉得做任何事都很费劲	3.31	3.29	3.20
我的睡眠不好	3.32	3.26	3.18
我感到愉快	2.76	2.89	2.86
我感到孤独	3.57	3.57	3.51
我生活快乐	2.86	3.03	3.01
我感到悲伤难过	3.57	3.51	3.47
我觉得生活无法继续	3.80	3.79	3.76
心理健康量表得分均值	3.32	3.33	3.28
心理健康量表得分加总	26.55	26.68	26.23

资料来源：根据中国家庭追踪调查数据库（CFPS）数据计算所得。

整体来看，农户的心理健康状态处于一个较高的水平，各题项的得分均值多在 3.0 分以上，各题项的得分加总也均在 26 分以上。除"我感到愉快""我生活快乐"两个题项表达的是积极情绪外，其余的可以说均为消极情绪。表达消极情绪的题项得分均在3.0分以上，而表达积极情绪的题项得分却多在3.0分以下，说明农户的消极情绪不常有，但积极情绪同样也不常有，多处于一种"平和"的状态。

我们也分析了农户心理健康水平在人口统计特征、地区等方面的差异。图6-2显示了不同年龄农户的心理健康水平差异情况。从图中可以看出，随着年龄的增长，农户心理健康水平呈现出下降的趋势，即农户年龄越大，心理健康水平越低。

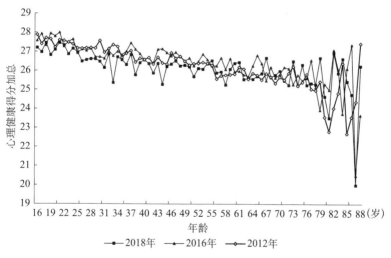

图6-2　不同年龄农户的心理健康水平

表6-4显示了心理健康水平在农户性别、婚姻状态、地区方面的差异。从农户的性别来看，相对于女性，男性的心理健康

水平更高；从农户的婚姻状态来看，未婚农户的心理健康水平最高，其次为在婚（有配偶）的农户，而离婚和丧偶农户的心理健康水平较低，其中丧偶农户的心理健康水平最低；从地区来看，西部地区农户的心理健康水平最低，中部和东部地区农户的心理健康水平差异较小。

表 6－4 农户心理健康水平的异质性特征

指标		2012 年		2016 年		2018 年	
		得分加总	得分均值	得分加总	得分均值	得分加总	得分均值
性别	女性	26.05	3.26	26.21	3.28	25.74	3.22
	男性	27.05	3.38	27.13	3.39	26.71	3.34
婚姻	未婚	27.24	3.40	27.28	3.41	26.78	3.35
	在婚	26.58	3.32	26.74	3.34	26.29	3.29
	离婚	25.31	3.16	24.94	3.12	25.13	3.14
	丧偶	24.31	3.04	24.19	3.02	23.83	2.98
地区	中部	27.06	3.38	26.82	3.35	26.52	3.32
	东部	26.98	3.37	27.08	3.39	26.66	3.33
	西部	25.57	3.20	26.15	3.27	25.54	3.19

资料来源：根据中国家庭追踪调查数据库（CFPS）数据计算所得。

此外，本书也分析了多维相对贫困（脆弱）与农户心理健康水平的关系，以及心理健康与农户主观贫困的关系。表 6－5 显示了多维相对贫困（脆弱）与农户心理健康水平的关系，表中数据为多维相对贫困（脆弱）群体和多维不贫困（脆弱）群体的心理健康得分加总和均值。从表 6－5 中可以看出，相对于多维不贫困（脆弱）群体，多维相对贫困（脆弱）群体的心理健康得分加总和均值均较低，如 2018 年多维相对贫困（脆弱）群体的心理健康得分加总平均为 25.42（25.65），而多维不贫困（脆弱）群体的心理健康得分加总平均为 26.42（26.43），说明相对于多维不贫困（脆弱）群体，多维相对贫困（脆弱）群体的心理健康水平较低。

表6－5　　　心理健康与农户多维相对贫困（脆弱）

多维相对贫困	2012 年		2016 年		2018 年	
	贫困	不贫困	贫困	不贫困	贫困	不贫困
心理健康量表加总	25.92	27.00	25.88	26.92	25.42	26.42
心理健康量表均值	3.24	3.38	3.23	3.37	3.18	3.30

多维贫困脆弱	2012 年		2016 年		2018 年	
	脆弱	不脆弱	脆弱	不脆弱	脆弱	不脆弱
心理健康量表加总	25.99	27.04	26.03	26.92	25.65	26.43
心理健康量表均值	3.25	3.38	3.25	3.36	3.21	3.30

资料来源：根据中国家庭追踪调查数据库（CFPS）数据计算所得。

表6－6 显示了心理健康与农户主观贫困的关系，表中数据为主观贫困群体和主观不贫困群体的心理健康得分加总和均值。由于 2012 年、2016 年均无农户的幸福感数据，因此我们只在表中列出了满意度标准和收入评价标准衡量的主观贫困结果。从表中可以看出，相对于主观不贫困群体，主观贫困群体的心理健康得分加总和均值均较低。2018 年满意度标准、收入评价标准衡量的主观贫困群体的心理健康得分加总平均分别为 22.92、24.65，而主观不贫困群体的心理健康得分加总平均分别为

26. 40、26. 41，说明相对于主观不贫困群体，主观贫困群体的心理健康水平较低。我们也可以说，心理健康水平较低的农户，其主观贫困的概率更高。

表 6 – 6 心理健康与农户主观贫困

满意度标准	2012 年		2016 年		2018 年	
	贫困	不贫困	贫困	不贫困	贫困	不贫困
心理健康量表加总	24. 50	27. 00	23. 98	27. 07	22. 92	26. 40
心理健康量表均值	3. 06	3. 38	3. 00	3. 38	2. 86	3. 30

收入评价标准	2012 年		2016 年		2018 年	
	贫困	不贫困	贫困	不贫困	贫困	不贫困
心理健康量表加总	25. 61	26. 86	25. 45	26. 97	24. 65	26. 41
心理健康量表均值	3. 20	3. 36	3. 18	3. 37	3. 08	3. 30

资料来源：根据中国家庭追踪调查数据库（CFPS）数据计算所得。

6.2 数据来源、变量说明与模型设定

6.2.1 数据来源与说明

本章数据主要来源于 CFPS 数据库，关于数据库的介绍及数据处理过程，前文已有详细介绍，这里不再赘述。由于本章主要基于流调中心抑郁量表（CES-D）分析农户的心理健康状况，并基于此考察心理健康在多维相对贫困对农户主观贫困影响中的中介作用，因此，本章选取有流调中心抑郁量表（CES-D）数据的年份，即 2012 年、2016 年、2018 年的 CFPS 数据库。

6.2.2　中介效应检验模型

对于中介效应检验模型，比较常用的是温忠麟（2020）提出的中介效应检验方法。该方法涉及3个回归方程：

$$Y = \alpha_1 + \beta_1 T + \omega_1 X + \varepsilon_1 \text{（线性模型）} \qquad (6-1)$$

$$M = \alpha_2 + \beta_2 T + \omega_2 X + \varepsilon_2 \text{（线性模型）} \qquad (6-2)$$

$$Y = \alpha_3 + \beta_3 T + \gamma M + \omega_3 X + \varepsilon_3 \text{（线性模型）} \qquad (6-3)$$

该方法对自变量的类型要求比较低，可以是连续变量，也可以是二元分类变量，为了与下文一致，我们取自变量为二元变量进行分析。T 为二元处理变量，$T=0$ 和 1，M 为中介变量，Y 为结果变量，X 为预处理变量（协变量）。系数 β_1 为自变量 T 对结果变量 Y 的总效应，$\beta_2 \gamma$ 为中介效应，β_3 为直接效应，$\beta_1 = \beta_2 \gamma + \beta_3$。对于中介效应的估计和检验，即为对模型系数的估计和检验，有巴伦和肯尼（Baron & Kenny，1986）的逐步检验法，还有系数差（$\beta_1 - \beta_3$）和系数积（$\beta_2 \gamma$）检验法，在这里我们不详细介绍。

但是，以上模型是基于线性、无交互作用（自变量和中介变量之间的交互）假设而设定的，若是政策评估，还要满足序列可忽略假设。其中线性是指以上三个回归均是线性的，即要求中介变量和因变量均为连续变量。若中介为连续变量，结果变量为二元变量，则中介模型为线性模型，而结果模型为非线性模型，那么系数 β_2 和 γ 的度量尺度是不一样的，也就无法通过系数的乘积来衡量中介效应。因此，其难以正确扩展到非线性模型。

序列可忽略假设则主要针对处理变量和中介变量，第一，鉴于观察到的预处理混杂因素，假定处理分配在统计学上是可忽略的，与潜在的结果变量和潜在的中介无关；第二，考虑到给定的实际处理状态和预处理混杂因素，观察到的中介是可忽略的，即处理变量和中介变量是随机的，但是在现实运用中，对于中介变量的随机性却很难检验。因此，学者们，如今井等（Imai et al.，2010）依据反事实分析框架（或潜在结果框架），提出了更为一般性的因果中介效应估计和检验方法，有了更多一般性的设置，独立于任何特定的统计模型，可以适应线性和非线性关系、参数和非参数模型、连续和离散介质以及各种类型的结果变量。并且因果中介效应最核心的优势是可以提供中介变量（M）是否随机的敏感性检验。敏感性分析能够告诉我们，一旦上面提到的关键性条件不再成立时，这些估计值会发生怎样的变化。

下面，本书将对反事实（或潜在结果）框架和二元结果连续中介模型的因果中介效应估计进行简要介绍。设 $M_i(t)$ 为 $T=t$ 时中介变量 M 的潜在结果，对于个体 i，$M_i(1)$ 和 $M_i(0)$ 仅有一个可被观察到，我们写为 $M_i = M_i(T_i)$。$Y_i(t, m)$ 为 $T=t$，$M=m$ 时结果变量的潜在结果，$Y_i(t, m)$ 有多种潜在结果，但对于某一个体 i，也仅有一种可被观察到，我们写为 $Y_i = Y_i[T_i, M_i(T_i)]$。

设处理变量 T 对结果变量 Y 的因果效应为 $Y_i(1) - Y_i(0)$，但是，对于某一个体 i，两者只有一个可被观察到，因此，学者往往更关心平均因果效应 $E\{Y_i(1) - Y_i(0)\}$。若 T_i 是随机的，平均因果效应可以通过观察到的处理组和对照组之间的平均差异来确定，即：

$$E\{Y_i(1) - Y_i(0)\} = E[Y_i(1) | T_i = 1] - E[Y_i(0) | T_i = 0]$$
$$= E(Y_i | T_i = 1) - E(Y_i | T_i = 0) \quad (6-4)$$

据此，在序列可忽略假设下，即 T 和 M 均为随机变量，本书定义个体 i 的因果中介效应：

$$\delta_i(t) = Y_i[t, M_i(1)] - Y_i[t, M_i(0)] \quad (6-5)$$

若 $M_i(1) = M_i(0)$ 时，说明处理变量 T 对中介变量 M 是没有影响的，则因果中介效应也为 0。其中，$\delta_i(1)$ 表示处理组（$T=1$）个体 i 的两种潜在结果变量水平（Y）之间的差异。如果个体 i 实际在处理组，$Y_i[1, M_i(1)]$ 则表示个体 i 可观测到的结果变量水平（Y），而 $Y_i[1, M_i(0)]$ 则表示个体 i 实际在处理组，但中介变量却取其不在处理组时的中介水平会导致的结果变量水平（Y）。

直接效应可以表示为：

$$\xi_i(t) = Y_i[1, M_i(t)] - Y_i[0, M_i(t)] \quad (6-6)$$

$\xi_i(1)$ 表示处理变量 T 对结果变量 Y 的直接效应，同时将个体 i 的中介水平（M）保持在处理组下能够实现的水平。

总效应可以表示为：

$$\tau_i = Y_i[1, M_i(1)] - Y_i[0, M_i(0)] = \frac{1}{2}\sum_{t=0}^{1}\{\delta_i(t) + \xi_i(t)\}$$

$$(6-7)$$

假设因果中介效应和直接效应不随 T 变化，即 $\delta_i(1) = \delta_i(0)$，$\xi_i(1) = \xi_i(0)$，则总效应为因果中介效应和直接效应之和：$\tau_i = \delta_i + \xi_i$。

平均因果中介效应（ACME）可以表示为：

$$\bar{\delta}(t) = E\{Y_i[t, M_i(1)] - Y_i[t, M_i(0)]\} \quad (6-8)$$

平均直接效应（ADE）可以表示为：

$$\bar{\xi}(t) = E\{Y_i[1, M_i(t)] - Y_i[0, M_i(t)]\} \quad (6-9)$$

平均总效应（TOTAL）可以表示为：

$$\bar{\tau} = \bar{\delta} + \bar{\xi} \quad (6-10)$$

因此，从上述定义可以看出，因果中介效应、直接效应和总效应的定义不以任何特定的统计模型为基础，具有更强的适用性。并且，识别因果中介效应只需要序列忽略性假设，而不需要线性或无交互作用假设。

该方法可以扩展到非二元处理的情况，此时的因果中介效应可以定义为任意两个处理水平之间的差异：$\delta_i(t; t_1, t_0) = Y_i[t, M_i(t_1)] - Y_i[t, M_i(t_0)]$。先选择基线处理水平（$t_0 = 0$），然后计算不同处理值相对于该基线的平均因果中介效应。对每一个选择的 t 值，以考察平均因果中介效应如何随着处理强度的变化而变化。

6.2.3　计量模型构建和模型设定

由于本章的结果变量是二分类变量（农户是否主观贫困），中介变量为连续变量（心理健康水平）。基于此，我们构建如下中介模型和结果模型：

$$Psy_i = \alpha_2 + \beta_2 T_i + \omega_2 X_i + \varepsilon_{i2} \qquad (6-11)$$

$$SP_i = 1(SP_i^* > 0), \ SP_i^* = \alpha_3 + \beta_3 T_i + \gamma Psy_i + \omega_3 X_i + \varepsilon_{i3}$$

$$(6-12)$$

其中，式（6-11）中介模型为线性回归模型，式（6-12）结果模型为非线性模型（Probit）。Psy_i 为中介变量，代表个体 i 的心理健康水平。SP_i 为结果变量，代表个体 i 的主观贫困状态，SP_i^* 为潜变量，不可观测，当 $SP_i^* > 0$ 时，$SP_i = 1$ 表示农户处于主观贫困状态，否则，$SP_i = 0$ 表示农户处于主观不贫困状态。T 为处理变量，代表农户的多维相对贫困状态或者农户的多维贫困脆弱状态。X 为预处理变量，包括农户的年龄、年龄平方、性别、教育、是否患有慢性疾病、婚姻状态、工作状态，以及家庭规模和地区等变量。

ε_{i2} 和 ε_{i3} 是独立同分布（$i.i.d$）的随机变量，均值为 0，方差 $\mathrm{var}(\varepsilon_{i2}) = \sigma_2^2$，$\mathrm{var}(\varepsilon_{i3}) = \sigma_3^2$。若 ε_{i3} 是一个 $i.i.d$ 标准正态（Logistic）随机变量，那么结果模型就是一个 Probit（Logit）回

归。由于平均因果中介效应（ACME）为 $\bar{\delta}(t) = E\{Y_i[t, M_i(1)] - Y_i[t, M_i(0)]\}$，变化的仅为中介变量 M 的水平，在序列可忽略假定下，我们写出 $Y_i^*[t, M_i(t')]$ 的一般形式：

$$Y_i^*[t, M_i(t')] = \alpha_3 + \beta_3 t + \gamma(\alpha_2 + \beta_2 t' + \omega_2 x_i + \varepsilon_{i2}) + \omega_3 x_i + \varepsilon_{i3}$$

$$= \alpha_3 + \beta_3 t + + \omega_3 x_i + \gamma(\alpha_2 + \beta_2 t' + \omega_2 x_i) + \gamma \varepsilon_{i2} + \varepsilon_{i3}$$

$$(6-13)$$

（1）若 $\varepsilon_{i3} \sim N(0, 1)$，$\varepsilon_{i2} \sim N(0, \sigma_2^2)$，则结果模型为 Probit 模型，其平均因果中介效应为：$\varphi(.)$ 表示标准正态累积密度函数。

$$\bar{\delta}(t) = \varphi\left(\frac{\alpha_3 + \beta_3 t + \gamma(\alpha_2 + \beta_2)}{\sqrt{\sigma_2^2 \gamma^2 + 1}}\right) - \varphi\left(\frac{\alpha_3 + \beta_3 t + \gamma \alpha_2}{\sqrt{\sigma_2^2 \gamma^2 + 1}}\right)$$

$$(6-14)$$

与 LSEM 一样，通过拟合 Probit 模型获得平均总效应：

$$\bar{\tau} = \varphi\left(\frac{\alpha_3 + \beta_3 + \gamma(\alpha_2 + \beta_2)}{\sqrt{\sigma_2^2 \gamma^2 + 1}}\right) - \varphi\left(\frac{\alpha_3 + \gamma \alpha_2}{\sqrt{\sigma_2^2 \gamma^2 + 1}}\right) \quad (6-15)$$

（2）若 ε_{i3} 是一个独立同分布的 Logistic 随机变量，$\varepsilon_{i2} \sim N(0, \sigma_2^2)$，则结果模型为 Logit 模型，其平均因果中介效应为：

$$\bar{\delta}(t) = H[\alpha_3 + \beta_3 t + \gamma(\alpha_2 + \beta_2)] - H(\alpha_3 + \beta_3 t + \gamma \alpha_2)$$

$$(6-16)$$

其中 H 为 ε_{i1} 的分布函数：$\varepsilon_{i1} = \gamma \varepsilon_{i2} + \varepsilon_{i3}$

$$H(\varepsilon_{i1}) = \int_{-\infty}^{\infty} \varphi\left(\frac{\varepsilon_{i1} - \varepsilon_{i3}}{\gamma \sigma}\right) \frac{\exp(\varepsilon_{i3})}{\{1 + \exp(\varepsilon_{i3})\}^2} d\varepsilon_{i3} \quad (6-17)$$

平均总效应为：

$$\bar{\tau} = H\big[\alpha_3 + \beta_3 + \gamma(\alpha_2 + \beta_2)\big] - H(\alpha_3 + \gamma\alpha_2) \quad (6-18)$$

因果中介效应模型在估计平均因果中介效应时使用了准贝叶斯蒙特卡洛近似（Quasi-Bayesian Monte Carlo），使得分析数据满足序列可忽略假定。李锋和刘杨（2020）直接用因果中介效应模型考察了互联网使用通过社会信任（中介）对患方信任的影响。因此，我们也利用因果中介效应模型考察多维相对贫困通过心理健康对农户主观贫困的影响。

6.3 实证结果分析

6.3.1 多维相对贫困静态特征对农户主观贫困的间接影响

表6-7显示了2012年多维相对贫困通过心理健康最终影响农户主观贫困的中介模型、结果模型的回归结果，以及在此基础上衡量的平均中介效应、平均直接效应、总效应和中介效应占比。由于篇幅的限制，表6-8则仅显示了2016年、2018年多维相对贫困通过心理健康最终影响农户主观贫困的平均中介效应、平均直接效应、总效应和中介效应占比结果，未列出中介模型和结果模型的回归结果。

从表6-7中可以看出，模型的第一步显示（中介模型），多维相对贫困对农户心理健康水平具有显著的负向影响，说明相对于多维不贫困农户，多维相对贫困农户的心理健康水平较低。模型第二步显示（结果模型），当我们将多维相对贫困变量和心理健康水平变量同时纳入解释农户主观贫困的模型中，多维相对贫困对农户主观贫困呈现显著的正向影响，而心理健康水平对农户主观贫困呈现显著的负向影响。因此，心理健康水平越高，农户主观贫困的概率越低。从系数来看，心理健康水平每增加一单位，满意度标准衡量的主观贫困概率比将降低约9%，而收入评价标准衡量的农户主观贫困概率比将降低约3%。

表6-7　　　　多维相对贫困对农户主观贫困的影响机制：心理健康的中介分析（2012年）

自变量	模型1		模型2	
	Step1 心理健康 （中介变量）	Step2 主观贫困（满意度标准） （结果变量）	Step1 心理健康 （中介变量）	Step2 主观贫困（收入评价标准） （结果变量）
多维相对贫困	-0.73 ***	0.18 ***	-0.73 ***	0.21 ***
心理健康	—	-0.09 ***	—	-0.03 ***
平均中介效应 ACME	0.0163［0.0137，0.0192］		0.0074［0.0059，0.0092］	
平均直接效应 ADE	0.0450［0.0326，0.0571］		0.0660［0.0518，0.0796］	
总效应 TOTAL	0.0614［0.0481，0.0739］		0.0734［0.0592，0.0870］	
中介效应占比（%）	26.58		10.14	

注：*** 表示1%的显著性水平。
资料来源：根据中国家庭追踪调查数据库（CFPS）数据计算所得。

　　进一步地，从衡量的平均中介效应、平均直接效应、总效应和中介效应占比数据来看，2012 年多维相对贫困对农户主观贫困的直接效应、中介效应和总效应均是显著的，中介效应占比分别为 26.58% 、10.14% ，说明多维相对贫困对满意度标准衡量的主观贫困的影响有 26.58% 来自心理健康的中介作用，而对收入评价标准衡量的主观贫困的影响有 10.14% 来自心理健康的中介作用。2016 年、2018 年的结果也是类似的，见表 6 - 8。2016年，多维相对贫困对农户主观贫困的直接效应、中介效应和总效应均是显著的，2018 年，多维相对贫困对农户主观贫困的直接效应不显著，但中介效应和总效应均是显著的。因此，总体来看，多维相对贫困会降低农户的心理健康水平，进而提高农户主观贫困的概率。

表 6 – 8 　　多维相对贫困对农户主观贫困的影响机制：心理健康的中介分析（2016 年/2018 年）

中介变量：心理健康	2016 年		2018 年	
	主观贫困（满意度标准）（结果变量）	主观贫困（收入评价标准）（结果变量）	主观贫困（满意度标准）（结果变量）	主观贫困（收入评价标准）（结果变量）
平均中介效应 ACME	0.0176	0.0097	0.0078	0.0068
	[0.0145, 0.0212]	[0.0076, 0.0121]	[0.0059, 0.0101]	[0.0049, 0.0090]
平均直接效应 ADE	0.0422	0.0462	0.0065	0.0134
	[0.0275, 0.0569]	[0.0287, 0.0633]	[-0.0051, 0.0186]	[-0.0032, 0.0301]
总效应 TOTAL	0.0598	0.0559	0.0143	0.0202
	[0.0439, 0.0753]	[0.0381, 0.0733]	[0.0018, 0.0271]	[0.0031, 0.0374]
中介效应占比（%）	29.42	17.37	54.45	33.50

资料来源：根据中国家庭追踪调查数据库（CFPS）数据计算所得。

6.3.2 多维贫困脆弱对农户主观贫困的间接影响

本章也分析了多维相对贫困动态特征对农户主观贫困的间接影响，但主要分析了多维贫困脆弱对农户主观贫困的间接影响。表6-9显示了2012年多维贫困脆弱通过心理健康最终影响农户主观贫困的中介模型、结果模型的回归结果，以及在此基础上衡量的平均中介效应、平均直接效应、总效应和中介效应占比。由于表格篇幅的限制，表6-10则仅显示了2016年、2018年多维贫困脆弱通过心理健康最终影响农户主观贫困的平均中介效应、平均直接效应、总效应和中介效应占比结果，未列出中介模型和结果模型的回归结果。

表6-9　　多维贫困脆弱对农户主观贫困的影响机制：心理健康的中介分析（2012年）

自变量	模型1		模型2	
	Step1 心理健康 （中介变量）	Step2 主观贫困（满意度标准） （结果变量）	Step1 心理健康 （中介变量）	Step2 主观贫困（收入评价标准） （结果变量）
多维贫困脆弱	- 0.54 ***	0.05	- 0.54 ***	0.06 **
心理健康	—	- 0.09 ***	—	- 0.04 ***
平均中介效应 ACME	0.0123 ［0.0094，0.0154］		0.0059 ［0.0043，0.0075］	
平均直接效应 ADE	0.0113 ［- 0.0028，0.0249］		0.0182 ［0.0024，0.0334］	
总效应 TOTAL	0.0236 ［0.0087，0.0382］		0.0240 ［0.0079，0.0397］	
中介效应占比（%）	52.09		24.18	

注：** 、*** 分别表示5%、1%的显著性水平。

资料来源：根据中国家庭追踪调查数据库（CFPS）数据计算所得。

从表6-9中可以看出，模型的第一步显示（中介模型），多维贫困脆弱对农户心理健康水平具有显著的负向影响，说明相对于多维贫困不脆弱农户，多维贫困脆弱农户的心理健康水平较低。模型第二步显示（结果模型），当我们将多维贫困脆弱变量和心理健康水平变量同时纳入解释农户主观贫困的模型中，心理健康水平对农户主观贫困仍然呈现显著的负向影响。因此，心理健康水平越高，农户主观贫困的概率越低。从系数来看，心理健康水平每增加一单位，满意度标准衡量的主观贫困概率比将降低约9%，而收入评价标准衡量的农户主观贫困概率比将降低约3.9%。而多维贫困脆弱对农户主观贫困的影响并不稳定，其中，多维贫困脆弱对收入评价标准衡量的主观贫困具有显著的正向影响（2012年、2016年、2018年均显著），而对满意度标准衡量的主观贫困也具有正向影响，但仅2016年是显著的，而在2012年、2018年是不显著的。但整体来看，多维贫困脆弱对农户主观贫困的影响是负向的。

表6-10　　多维贫困脆弱对农户主观贫困的影响机制：心理
健康的中介分析（2016年/2018年）

中介变量：心理健康	2016年		2018年	
	主观贫困（满意度标准）（结果变量）	主观贫困（收入评价标准）（结果变量）	主观贫困（满意度标准）（结果变量）	主观贫困（收入评价标准）（结果变量）
平均中介效应 ACME	0.0100	0.0058	0.0041	0.0038
	[0.0067, 0.0137]	[0.0038, 0.0079]	[0.0024, 0.0061]	[0.0022, 0.0057]
平均直接效应 ADE	0.0163	0.0321	-0.0004	0.0219
	[0.0002, 0.0321]	[0.0132, 0.0507]	[-0.0124, 0.0117]	[0.0046, 0.0391]

续表

中介变量：心理健康	2016 年		2018 年	
	主观贫困（满意度标准）（结果变量）	主观贫困（收入评价标准）（结果变量）	主观贫困（满意度标准）（结果变量）	主观贫困（收入评价标准）（结果变量）
总效应 TOTAL	0.0263 [0.0092, 0.0434]	0.0379 [0.0186, 0.0569]	0.0037 [-0.0086, 0.0163]	0.0256 [0.0080, 0.0433]
中介效应占比（%）	38.36	15.22	47.20	14.65

资料来源：根据中国家庭追踪调查数据库（CFPS）数据计算所得。

进一步地，从衡量的平均中介效应、平均直接效应、总效应和中介效应占比数据来看，2012 年、2016 年和 2018 年多维贫困脆弱对收入评价标准衡量的主观贫困的直接效应、中介效应和总效应均是显著的，中介效应占比分别为 24.18%、15.22%、14.65%，说明多维贫困脆弱对收入评价标准衡量的主观贫困的影响有 24.18%、15.22%、14.65% 来自心理健康的中介作用。2016 年多维贫困脆弱对满意度评价标准衡量的主观贫困的直接效应、中介效应和总效应也均是显著的，2012 年多维贫困脆弱对满意度评价标准衡量的主观贫困的直接效应不显著，但中介效应和总效应均是显著的，2018 年则仅中介效应显著。但总体来看，多维贫困脆弱会降低农户的心理健康水平，进而提高农户主观贫困的概率。2016 年的中介结果显示，多维贫困脆弱对满意度标准衡量的主观贫困的影响有 38.36% 来自心理健康的中介作用。

6.4 本章小结

本章在理论分析的基础上，实证检验了多维相对贫困影响农户主观贫困的作用机制。基于今井等（Imai et al.，2010）提出的因果中介效应方法，建立中介模型和结果模型，考察了心理健康在多维相对贫困影响农户主观贫困中的中介效应，及中介效应占比。研究结果有以下几点。

（1）中介模型结果显示，多维相对贫困对农户心理健康水平具有显著的负向影响，说明相对于多维不贫困农户，多维相对贫困农户的心理健康水平较低。同理，相对于多维贫困不脆弱农户，多维贫困脆弱农户的心理健康水平较低。

（2）结果模型的结果显示，心理健康对农户主观贫困有显著的负向作用，说明心理健康水平越高，农户主观贫困的概率越低。心理健康水平每增加一单位，满意度标准衡量的主观贫困概率比将降低约9%，而收入评价标准衡量的农户主观贫困概率比将降低约3%。

（3）多维相对贫困的中介效应结果显示，多维相对贫困对农户主观贫困的中介效应均是显著的。2012年，多维相对贫困对满意度标准衡量的主观贫困的影响有26.58%来自心理健康的中介作用，而对收入评价标准衡量的主观贫困的影响有10.14%

来自心理健康的中介作用。

（4）多维贫困脆弱的中介效应结果显示，多维贫困脆弱对收入评价标准衡量的主观贫困的中介效应在 2012 年、2016 年和 2018 年均是显著的，中介效应占比分别为 24.18%、15.22%、14.65%。多维贫困脆弱对满意度标准衡量的主观贫困的中介效应在 2012 年和 2016 年均是显著的，中介效应占比分别为 52.09%、38.36%。

第7章 缓解主观贫困的长效机制：
生计资本的减贫效应

前几章主要考察了我国农户的多维相对贫困和主观贫困情况，并验证了多维相对贫困对农户主观贫困的显著影响。研究发现，我国农户的多维相对贫困还有较大的改善空间，农户的主观贫困情况也不容忽视。在贫困治理方面，学者指出，激发贫困人口的内生动力，提高贫困人口的生存能力才是解决贫困问题的长效之计。因此，本章我们重点从生计资本的角度构建缓解农户主观贫困的长效机制，具体研究生计资本对农户主观贫困的影响作用。

近年来，对于生计资本的研究呈现出逐年增长的趋势，关于生计资本与贫困问题的研究也逐渐受到学者的关注。其中，生计资本对客观贫困的影响研究较多[①]（翟彬和梁流涛，2015；胡原和曾维忠，2019；伍艳，2020），对主观贫困的影响研究相对较

---

① 关于生计资本与客观贫困关系的研究在第 2 章已有阐述，在此不再赘述。

少。在生计资本与主观福祉的研究中，人力资本、社会资本对主观福祉的研究相对较多，而生计资本对主观福祉的系统性研究还比较缺乏。

教育和健康是人力资本最重要的两个组成部分（程令国等，2015）。教育和健康作为最基本的人口统计学特征也常常被当作主观贫困的影响因素来考察，但大多被作为控制变量，单独被作为主要解释变量的研究还较少。以往研究大多表明，教育和健康对个体的主观贫困具有显著影响，受教育程度越高、身体健康水平越高，个体主观贫困的概率越低。田雅娟等（2019）认为，受教育程度是个人能力的一个重要体现，受教育程度较高的人对自身能力也有一个较高的肯定，主观上对未来的生活充满信心。并且，无论家庭成员现有教育水平如何，受教育程度的进一步提升均会显著降低个体主观贫困的可能性。舒密尔（Schimmel，2009）认为，虽然健康与主观幸福之间的正相关关系被很多学者证实，患有癌症、艾滋病和疟疾、风湿病等疾病会对幸福感产生负面影响，但是这种影响相对较小。与幸福感高度相关的是主观健康，即个人感知到的健康状态。这也解释了为什么一个人尽管患有严重的疾病，但仍感觉良好，以及为什么客观上健康状况是良好的，但感觉却很糟糕。关于教育与幸福之间的关系，作者也有一些特别的观点。教育水平的提高，会增加主观幸福，但这种正相关关系可能有一定的界限，特别是当人们享受很少或没有接受教育的时候，教育水平的提高，会对主观幸福有一个显著的提升。然而，一旦基本需求得到满足，这种关联就会变得更加多方面，特别是高教育水平也可能会导致不快乐。因为，受教育程度越高，人们就越可能有更高的愿望、社会比较和适应能力，从而降低主观幸福感。此外，如果工作机会与受教育程度不匹配，挫折就会出现，对幸福感也有不利影响。因此，教育和福利之间的关系可能并不是线性的，有时甚至是负的。

瓜尼亚诺等（Guagnano et al.，2016）研究了欧洲社会资本对主观贫困（收支平衡能力）的影响，研究结果表明，家庭/社区社会资本禀赋在影响主观贫困方面起着关键作用。当家庭和社区社会资本（如社区安全、家庭社会关系、居住背景）禀赋增加时，家庭的收支平衡能力也会提高。这可能是基于社会资本可以促进技术信息和知识的流动，降低经济交易成本，改善传统的资源约束。此外，社会资本的生产能力还可以扩展到产生经济回报之外，如人力资本积累等。信任是社会资本的重要来源，也是社会资本衡量中一个重要的指标。苏等（Su et al.，2019）研究了信任对中国企业家主观幸福的影响。文中的信任主要指普遍意义上的信任，是对一个社会、地区或国家中的大多数人的全面信任程度。信任度高的地区为企业的发展提供了安全的交易环境，降低了企业面临的相关风险；信任也可以促进信息共享以及时发现商机；信任还可以补充或替代正常的机构和法律框架，为安全交易保驾护航。并且，在合作过程中与他人保持这样一种信任的联系也可能会促进企业家的身心健康。基于此，研究发现，信任对企业家的主观幸福具有显著的正向影响。

也有部分学者研究了家庭借贷对个体或家庭主观贫困的影响。马哈茂德等（Mahmood et al.，2019）研究发现，家庭借贷对家庭主观贫困具有显著的正向影响，即家庭借贷越多，主观贫困的概率越大。他们认为大多数家庭在无法获得正规借贷的情况下，只能以更高的成本从非正规渠道借贷，使得借贷成为家庭的一种负担，增强了农户的主观贫困感受。此外，一些心理学研究也表明负债会显著影响个体的心理健康，尤其是过度负债，与个体抑郁、焦虑和自残等现象具有较大的相关关系（Hatcher，1994；Reading & Reynolds，2001；Fitch et al.，2007；Gathergood，2012）。盖瑟古德（Gathergood，2012）认为，获得信贷一方面可以平滑消费，改善家庭福利，但若难以或无法偿还贷款，也会对家庭成员形成心理上的压力，严重影响家庭成员的心理健康和主观感知。张华泉和申云（2019）研究发现，家庭负债与农户家庭贫困脆弱性呈倒"U"型关系，当家庭的负债收入比低于 2.85 时，家庭负债会增加农户家庭的贫困脆弱性。但当家庭的负债收入比超过 2.85 时，家庭负债的增加反而可以降低农户家庭贫困脆弱性。

现有文献中，综合研究生计资本对主观福祉的文献相对较少，主要针对特殊群体，如牧户、农民工、老年人、旅游区农户等，且研究结论也不一致（苏飞等，2014；乐章和鲁志敬，2016；刘秀丽等，2018）。赵雪雁（2011）和董海宾等（2020）

研究了生计资本对牧户生活满意度的影响。赵雪雁（2011）认为各类生计资本的积极作用都很显著，其中，人力资本对牧户生活满意度的影响最大，其次是社会资本。而董海宾等（2020）的研究结果表明，仅自然资本和社会资本对牧户生活满意度具有显著影响，其中，自然资本对牧户生活满意度的影响最大。以上研究均为本书系统考察生计资本的减贫作用提供了理论基础。本章基于熵值法测度了农户的生计资本水平，并综合截面数据和面板数据分析了生计资本对农户主观贫困的影响。本章的研究框架如图7-1所示。

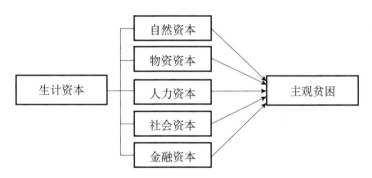

图7-1 生计资本对主观贫困影响的研究框架

7.1 生计资本的指标选取与衡量

7.1.1 生计资本的衡量——熵值法

生计资本的计算，主要涉及指标的标准化，以及各指标权重的确定。由于各维度各指标的单位并不统一，有些是连续数据，单位为元或者亩，有些为虚拟变量数据，有些则为有序分类数据，因此需要将各变量标准化为无量纲的数据，以消除单位差异对结果造成的影响。常用的标准化方法有多种，包括标准化处理法、极值处理法、功效系数法等。

设 x_{ij} 为第 i（$i=1,2,3,\cdots,n$）个被评价对象中的第 j（$j=1,2,\cdots,m$）个指标的观测数据，x_{ij}^* 为无量纲化之后的数据。

标准化处理法：$x_{ij}^* = \dfrac{x_{ij}-\bar{x}_j}{s_j}$。其中，$\bar{x}_j = \dfrac{1}{n}\sum_{i=1}^{n}x_{ij}$（样本均值），$s_j = \dfrac{1}{n}\sum_{i=1}^{n}(x_{ij}-\bar{x}_j)^2$（样本标准差）。由于存在 $x_{ij}<\bar{x}_j$，标准化之后的数据会存在负值，需要平移数据才能进行下一步熵值法的运算，但平移的幅度并没有一致的度量，会对权重的计算产生影响。而极值处理法则区分了正向指标和负向指标，保证了标准化后的数据均为正值。

极值处理法：若评价指标 j 为正向指标，$x_{ij}^* = \dfrac{x_{ij}-m_j}{M_j-m_j}$，$M_j = \max_i\{x_{ij}\}$（最大值），$m_j = \min_i\{x_{ij}\}$（最小值）；若评价指标 j 为负向指标，$x_{ij}^* = \dfrac{M_j-x_{ij}}{M_j-m_j}$。

功效系数法是一种更广泛意义上的极值处理法，但相对来说，采用极值法处理后的结果更为合理（朱喜安和魏国栋，2015）。因此，本书也主要选择极值处理法对数据进行无量纲化处理，对于其他方法则不再详细介绍。

在对数据进行无量纲化处理之后，则需要确定各指标的权重。对于权重的确定，学者也有不同的处理，有些学者将之简单化处理，将各维度或各指标赋予相同的权重，有些学者则根据专家对各维度或各指标重要性的判断进行赋予权重，越重要，权重越高（赵雪雁，2011）。这些方法都具有一定的主观性，由于不同学者的看法不同，各指标的权重不同，计算的生计资本指数也不同，使得生计资本的分析存在一定的不确定性。为了克服这种主观性对生计资本结果差异的影响，有些学者使用了一种客观的赋值方法，即熵值法（杨振山和王玉璇，2018；张旭锐和高建中，2020；董海宾等，2020）。

熵值法是一种客观的赋权方法，主要是根据各评价指标的指标值之间的差异程度来确定权重系数，能客观反映各评价指标在综合评价指标体系中的重要性，避免了权重系数确定过程中人为因素的干扰。熵值法赋权方法主要有以下几步。

设 x_{ij} 为第 i（$i = 1, 2, 3, \cdots, n$）个被评价对象中的第 j（$j = 1, 2, \cdots, m$）个指标的观测数据，y_i 为第 i 个被评价对象的综合评价值。

（1）农户 i 在第 j 项评价指标上的指标值比值：$p_{ij} = x_{ij}^* / \sum_{i=1}^{n} x_{ij}^*$。

（2）第 j 项评价指标的熵值：$e_j = -\dfrac{1}{\ln n} \sum_{i=1}^{n} p_{ij} \ln(p_{ij})$，$0 \leqslant$

$e_j \leqslant 1$。从公式可以看出，当个体在第 j 项评价指标的表现（x_{ij}）差异越小，e_j 越大。当个体在第 j 项评价指标的表现没有差异时，$e_j = e_{\max} = 1$，此时指标 j 对个体之间的比较没有任何作用；当个体在第 j 项评价指标的表现（x_{ij}）差异越大，e_j 则越小，此时指标 j 对个体之间的比较作用就越大。

（3）第 j 项评价指标的差异性系数：$g_j = 1 - e_j$。

（4）第 j 项评价指标的权重系数：$w_j = g_j \Big/ \sum_{j=1}^{m} g_j$。

（5）农户 i 的综合评价值（生计指数）：$y_i = \sum_{j=1}^{m} w_j x_{ij}^{*}$。

7.1.2 生计资本的指标选取

生计资本主要包括自然资本、物资资本、人力资本、社会资本和金融资本，相关变量的具体说明见表 7－1。

表 7－1　　　　　　　　　　生计资本指标体系

维度	指标	指标赋值及说明	权重
自然资本	土地价值	家庭拥有的土地价值（元）	0.0518
物资资本	耐用消费品价值	家庭拥有的耐用消费品当前总价值，如汽车、家电、首饰、古董、高档乐器等（元）	0.0540
	农用机械价值	家庭拥有的农用机械当前总价值，如拖拉机、脱粒机、机引农具、抽水机、加工机械等（元）	0.0963
人力资本	自评健康	1 = 不健康，2 = 一般，3 = 比较健康，4 = 很健康，5 = 非常健康	0.0139

维度	指标	指标赋值及说明	权重
人力资本	受教育水平	1 = 文盲/半文盲，2 = 小学，3 = 初中，4 = 高中/中专/技校/职高，5 = 大专，6 = 大学本科，7 = 硕士，8 = 博士	0.0200
	家庭劳动力数量	家庭拥有的劳动力数量：9 岁及以下为 0 个劳动力，10 ~ 15 岁为 0.5 个劳动力，16 ~ 59 岁为 1 个劳动力，60 ~ 69 岁为 0.5 个劳动力，70 岁及以上为 0 个劳动力	0.0065
社会资本	家庭人情礼支出	过去一年，家庭的人情礼支出（元）	0.0295
	家庭交通通信支出	过去一年，家庭的交通通信支出（元）	0.0235
	喜欢信任或怀疑	喜欢信任别人还是怀疑别人，1 = 信任，0 = 怀疑	0.0289
	社会信任——父母	对父母的信任，0 ~ 10，0 表示非常不信任，10 表示非常信任	0.0008
	社会信任——邻居	对邻居的信任，0 ~ 10，0 表示非常不信任，10 表示非常信任	0.0027
	社会信任——陌生人	对陌生人的信任，0 ~ 10，0 表示非常不信任，10 表示非常信任	0.0295
	社会信任——政府	对政府的信任，0 ~ 10，0 表示非常不信任，10 表示非常信任	0.0087
	社会信任——医生	对医生的信任，0 ~ 10，0 表示非常不信任，10 表示非常信任	0.0037
金融资本	家庭年纯收入	家庭年纯收入（元）	0.0231
	家庭存款数	家庭定期存款数额（元）	0.0670
	是否有金融产品	1 = 是，0 = 否	0.2053
	是否从银行贷款	1 = 是，0 = 否（借贷机会）	0.1128
	是否从民间借款	1 = 是，0 = 否（借贷机会）	0.0911
	非房贷借款总额	家庭非房贷借款总额（元）（借贷能力）	0.1185
	借款是否被拒绝过	家庭借款数额较大时，是否会被拒绝，0 = 是，1 = 否	0.0125

资料来源：权重为根据 2018 年中国家庭追踪调查数据库（CFPS）数据计算所得。

对于自然资本，由于农户拥有的土地面积数据不全，仅2010年和2012年有相关数据。但土地价值数据相对较全，2010年、2012年、2014年、2016年均有相关数据，因此，我们主要运用农户拥有的土地价值来表示自然资本。考虑到农户拥有的土地面积变动较小，且变动也不频繁，2018年缺失的土地价值数据我们用2016年的数据进行了插补。对于物资资本数据，我们主要使用家庭耐用消费品总价值和农用机械的总价值来表示。2010年家庭耐用消费品的价值和农用机械的总价值数据缺失，我们用家庭收藏品价值和其他资产价值代替，其包含的物资是大致相同的。

对于人力资本，我们主要用农户的自评健康情况、完成的最高学历、家庭劳动力数量三个指标表示。对于家庭劳动力的计算，不同的学者采用了不同的计算方式。有些学者根据劳动力的定义，仅计算16~60岁的家庭人口数量。苏芳和尚海洋（2012）将家庭成员按照年龄层次和健康状况分为儿童、工作中的儿童、成年人的助手、成年人、老年人、残疾人和长期患病者7类，其劳动能力分别赋值0、0.3、0.6、1.0、0.5、0和0，据此计算家庭劳动力数量。有些学者为不同年龄段的人赋值，然后加权求和计算家庭劳动力数量，如家庭劳动力数 = 全劳动力数 ×1 + 半劳动力数 ×0.5 + 非劳动力数 ×0（赵雪雁，2011；丁文强等，2020）。张旭锐和高建中（2020）认为16~60岁为1个劳动力，10~15岁及61~70岁均为0.5个劳动力，9岁及以下和70岁以上为 0 个劳动力，加权求和之后即为家庭劳动力数量。借鉴以往学者的计算方式，我们将 9 岁及以下赋值为 0 个劳动力，10～15 岁为 0.5 个劳动力，16～60 岁为 1 个劳动力，61～70 岁为 0.5 个劳动力，70 岁以上为 0 个劳动力，加权求和得出样本家庭劳动力数。

对于社会资本，我们选取家庭人情礼支出、家庭交通通信支出和社会信任表示。其中，社会信任包括个体对父母、邻居、陌生人的信任，以及对政府和医生的信任。由于 2010 年缺失个体的社会信任数据，我们用家庭"是否与邻居交往"，以及"是否和亲友交往"表示，将回答"是"的赋值为 1，将回答"否"的赋值为 0。与邻居和亲朋好友的交往越多，对他们的信任可能也就越高。而 2012 年人情礼支出数据是缺失的，也没有其他合适的数据可以作为依据进行插补，为了利用更多的数据，在 2012 年生计资本的测算中没有纳入人情礼支出这一指标。对于金融资本，我们用家庭年纯收入、家庭存款、是否有金融产品、是否从银行贷款、是否从民间借款、非房贷借款总额、借款是否被拒绝过表示。其中，2010 年和 2012 年的借款是否被拒数据缺失，因此在 2010 年和 2012 年生计资本的测算中也没有纳入借款是否被拒这一指标。

7.1.3　生计资本测度结果

农户在某项指标之间的差异越大，通过熵值法求得的该指标的权重也越大，同时也说明该项指标有较大的改变空间，农户也可以通过提升这些指标而提高他们自身的生计资本水平。熵值法结果表明，农户之间金融资本的差异最大，持有金融产品、非房贷借款总额、银行借款和民间借款的权重分别为 0.2053、0.1185、0.1128、0.0911，其次为物资资本（农用机械权重较高）和自然资本，每项指标的权重均在 0.05 以上，而人力资本和社会资本的权重则较低，说明金融资本、自然资本和物资资本对农户的发展具有重要作用。其中，自然资本和物资资本是农户进行农业生产、生活的基础，金融资本则为农户的生产生活提供后续保障。

2010～2018 年，农户的生计资本水平测度结果见表 7-2。从表中可以看出，农户的生计资本水平处于上升趋势。但各项生计资本均处于较低的水平，生计资本指数是各项生计资本之和，在 2018 年也仅有 0.0932，说明农户的生计能力不断提高，但仍然还有较大的提升空间。

表 7-2　　　　2010～2018 年农户生计资本测度结果

指标	2010 年	2012 年	2014 年	2016 年	2018 年
自然资本	0.0003	0.0007	0.0008	0.0003	0.0008
物资资本	0.0002	0.0015	0.0016	0.0017	0.0020
人力资本	0.0078	0.0153	0.0141	0.0136	0.0138
社会资本	0.0221	0.0109	0.0134	0.0115	0.0351
金融资本	0.0288	0.0379	0.0297	0.0390	0.0415
生计指数	0.0592	0.0663	0.0596	0.0659	0.0932

资料来源：根据中国家庭追踪调查数据库（CFPS）数据计算所得。

在生计资本中，金融资本是最高的，这里的金融资本不仅指家庭的收入或存款，还包括了农户的借款能力。随着经济的发展，农户的收入不断提升，即使是贫困地区农户的人均可支配收入在 2018 年也达到了 1 万元以上。对于农户的借款能力，可能与农户所处的"熟人"社会环境有关。其次为人力资本和社会资本。虽然人力资本和社会资本的权重较低，但农户的人力资本和社会资本水平却并不是最低的。对于人力资本，随着农户收入的提高，农户的营养水平也有所提高，平均寿命延长。并且，随着义务教育和成人教育的普及，农户的教育水平也有显著提升（王文略，2019）。对于社会资本，农户长期生活在基于血缘、亲缘、地缘的社会关系中，这种关系是比较稳定且有质量的，民风淳朴，长期形成了互帮互助的社会规范。但农户的自然资本和物质资本是最低的。我国的农户一般都是小农户，拥有的土地面积较少。在小规模生产的模式下，农户对农用机械的投入也不会太多。因此，总体来看，农户的生计资本水平较低，还有较大的提升空间。

7.2　数据来源、变量说明与模型设定

7.2.1　数据来源与变量说明

本章数据来源也与第 4 章相同，关于数据的详细介绍，在此

不再赘述。本章的主要被解释变量为农户的主观贫困状态，变量说明和描述性统计与第4章一致，见表4-1。本章的主要解释变量为农户的生计资本水平，通过熵值法确权计算得到，包括自然资本水平、物资资本水平、人力资本水平、社会资本水平和金融资本水平，变量说明见表7-1，变量描述性统计见表7-3，表中数据主要根据2018年样本数据计算所得。

在控制变量的选择上，考虑到人力资本中已包含农户的教育水平，为了降低多重共线性，在控制变量中去掉了农户的教育水平，仅包括农户年龄、性别、是否患有慢性疾病、婚姻状态、工作状态、家庭规模、地区特征变量，相关变量的说明和统计我们在第4章已有讨论，在此也不再赘述。

表7-3　　　　　　生计资本变量说明与描述性统计

变量	符号	变量说明与赋值	均值	标准差	最小值	最大值
自然资本	N	经过熵权计算所得，具体见表7-1	0.0008	0.0019	0.0000	0.0518
物资资本	P	经过熵权计算所得，具体见表7-1	0.0020	0.0048	0.0000	0.0968
人力资本	H	经过熵权计算所得，具体见表7-1	0.0138	0.0068	0.0000	0.0351
社会资本	S	经过熵权计算所得，具体见表7-1	0.0351	0.0183	0.0014	0.1019
金融资本	F	经过熵权计算所得，具体见表7-1	0.0415	0.0594	0.0000	0.4298
生计指数	L	——	0.0932	0.0647	0.0065	0.5303

资料来源：根据中国家庭追踪调查数据库（CFPS）数据计算所得。

7.2.2　模型设定

本章主要的被解释变量为农户的主观贫困状态，也是二值变量，我们仍然利用二值选择模型（Logit）和面板二值选择模型（Logit）进行实证检验，具体在第4章已经详细介绍。本节我们将简要介绍，主要列出二值选择模型和面板二值模型中主观贫困潜变量的回归方程。

对于生计资本与农户主观贫困关系的分析，分别建立如式（7-1）和式（7-2）所示的回归模型。其中，SP_i^* 为农户 i 主观贫困状态的潜变量，SP_{it}^* 则表示农户 i 在时间 t 时的主观贫困状态的潜变量，与第4章和第5章一致，我们不再详细阐述。N_i、P_i、H_i、S_i、F_i 分别表示农户 i 的自然资本水平、物资资本水平、人力资本水平、社会资本水平和金融资本水平，N_{it}、P_{it}、H_{it}、S_{it}、F_{it} 则分别表示农户 i 在时间 t 的自然资本水平、物资资本水平、人力资本水平、社会资本水平和金融资本水平。x_i 为控制变量，包括农户的基本人口统计特征，以及家庭规模和地区等变量，具体我们在上文已有说明。

$$SP_i^* = \alpha + \beta_1 N_i + \beta_2 P_i + \beta_3 H_i + \beta_4 S_i + \beta_5 F_i + \gamma x_i + \varepsilon_i$$

$$(7-1)$$

$$SP_{it}^* = \alpha + \beta_1 N_{it} + \beta_2 P_{it} + \beta_3 H_{it} + \beta_4 S_{it} + \beta_5 F_{it} + \gamma x_{it} + \mu_i + \varepsilon_{it}$$

$$(7-2)$$

7.3 生计资本对农户主观贫困的影响

7.3.1 生计资本与农户主观贫困描述性统计分析

本节比较了 2010～2018 年主观贫困和主观不贫困农户的生计资本特征，由于各年数据所表现出的特征较为一致，因此，我们在文中只列出了最近一年，即 2018 年数据所得结果，见表 7 - 4。

表 7 - 4　　　主观贫困农户的生计资本特征（2018 年）

维度	指标	幸福感标准		满意度标准		收入评价标准	
		不贫困	贫困	不贫困	贫困	不贫困	贫困
自然资本	土地价值	39045.15	28607.90	38594.66	34217.29	39068.15	32242.30
物资资本	耐用消费品价值	37475.82	23636.54	37012.58	28393.37	37865.57	25219.19
	农用机械价值	3405.02	3063.91	3383.87	3375.67	3457.67	2715.13
人力资本	自评健康	3.01	2.42	2.99	2.50	3.02	2.52
	受教育水平	2.53	2.19	2.51	2.46	2.53	2.29
	家庭劳动力数量	2.99	2.95	2.98	3.12	3.00	2.84
社会资本	人情礼支出	4295.73	3561.84	4255.98	4117.67	4284.77	3930.69
	交通通信支出	5184.83	4535.12	5143.88	5142.31	5214.45	4507.40
	信任或怀疑	0.57	0.44	0.56	0.44	0.57	0.49
	社会信任——父母	9.37	8.25	9.32	8.90	9.31	9.27
	社会信任——邻居	6.92	5.55	6.89	5.75	6.87	6.55
	社会信任——陌生人	2.21	1.88	2.21	1.76	2.25	1.60
	社会信任——政府	5.26	4.04	5.26	3.62	5.27	4.40
	社会信任——医生	6.93	5.87	6.92	5.65	6.89	6.58

续表

维度	指标	幸福感标准		满意度标准		收入评价标准	
		不贫困	贫困	不贫困	贫困	不贫困	贫困
金融资本	家庭年纯收入	72589.50	63779.96	72521.34	62274.67	72635.27	66610.15
	家庭存款数	39980.04	19935.42	39743.00	18148.92	40060.29	26590.32
	是否有金融产品	0.02	0.01	0.02	0.01	0.02	0.01
	是否从银行贷款	0.10	0.12	0.10	0.15	0.10	0.11
	是否从民间借款	0.15	0.24	0.16	0.25	0.16	0.20
	非房贷借款总额	8342.71	8572.73	8203.18	11437.63	8200.50	9769.19
	借款是否被拒绝过	0.78	0.71	0.78	0.70	0.78	0.75

资料来源：根据中国家庭追踪调查数据库（CFPS）数据计算所得。

从表 7 - 4 中可以看出，相对于主观不贫困农户，主观贫困农户所拥有的自然资本、物资资本、人力资本、社会资本均较低。如自然资本方面，幸福感标准衡量的主观贫困结果显示，主观贫困农户所拥有的土地价值均值约为 28608 元，显著低于主观不贫困农户所拥有的土地价值，约为 39045 元。满意度标准和收入评价标准衡量的主观贫困结果也是一致的。对于物资资本，幸福感标准衡量的主观贫困结果显示，主观贫困农户所拥有的耐用消费品价值、农用机械价值均值分别约为 23637 元、3064 元，显著低于主观不贫困农户所拥有的耐用消费品价值和农用机械价值，分别约为 37476 元、3405 元。对于人力资本，主观不贫困农户的受教育水平更高，健康评分更高，家庭劳动力数量也越多。

对于社会资本，主观不贫困农户的人情礼支出、交通通信支出均更高。幸福感标准衡量的主观贫困结果显示，主观不贫困农户的年人情礼支出、交通通信支出约为 4296 元、5185 元，均高于主观贫困农户的相应支出，分别约为 3562 元、4535 元。在社会信任方面，主观不贫困农户更倾向于信任他人（均值均在 0.5以上），而主观贫困农户对他人则更多地持有"要越小心越好"的怀疑态度（均值均在 0.5 以下）。总体来看，农户对父母的信任是最高的，其次为医生、邻居、政府，而对陌生人的信任是最低的。但是，相对于主观不贫困农户，主观贫困农户对父母、邻居、医生、政府和陌生人的信任则更低。

对于金融资本，主观不贫困农户的家庭年纯收入和存款显著高于主观贫困农户。幸福感标准衡量的主观贫困结果显示，主观不贫困农户的家庭年纯收入、存款分别约为 72590 元、39980 元，而主观贫困农户的则相对较低，分别约为 63780 元、19935 元。在借款被拒经历（0 表示被拒绝，1 表示没有被拒绝）方面，主观不贫困农户的均值更高，即更有可能没有被拒绝的经历。说明有借款被拒绝经历的农户，其主观贫困概率更高。在金融产品方面，主观贫困农户和主观不贫困农户的差异则较小，均值仅相差0.01。但是在"是否从银行贷款""是否从民间借款""非房贷借款总额"三个指标上，主观贫困农户的均值相对更高，说明农户借款越多，主观贫困的概率越大。

此外，我们也计算了 2010～2018 年主观贫困农户和主观不贫困农户的自然资本指数、物资资本指数、人力资本指数、社会资本指数、金融资本指数，以及农户的生计资本指数。由于篇幅的限制，我们仅列出了 2010 年、2014 年、2018 年的数据，见表 7-5。

表 7-5 　　　　　主观贫困农户的生计资本指数特征
（2010 年/2014 年/2018 年）

维度	2010 年		2014 年		2018 年	
	不贫困	贫困	不贫困	贫困	不贫困	贫困
幸福感标准						
自然资本	0.0003	0.0002	0.0008	0.0007	0.0008	0.0006
物资资本	0.0002	0.0001	0.0016	0.0011	0.002	0.0015
人力资本	0.0079	0.0063	0.0142	0.0122	0.014	0.0108
社会资本	0.0224	0.0191	0.0136	0.0115	0.0355	0.0287
金融资本	0.0284	0.0328	0.0292	0.0366	0.041	0.0489
生计指数	0.0592	0.0586	0.0594	0.0621	0.0934	0.0905
满意度标准						
自然资本	0.0003	0.0002	0.0008	0.0006	0.0008	0.0007
物资资本	0.0002	0.0001	0.0016	0.0011	0.002	0.0018
人力资本	0.0079	0.0073	0.0143	0.0121	0.0139	0.0121
社会资本	0.0224	0.0205	0.0135	0.0122	0.0354	0.0282
金融资本	0.0284	0.0307	0.0291	0.0372	0.041	0.0524
生计指数	0.0593	0.0588	0.0592	0.0633	0.0931	0.0951
收入评价标准						
自然资本	0.0003	0.0002	0.0008	0.0005	0.0008	0.0007
物资资本	0.0002	0.0001	0.0017	0.0012	0.002	0.0015
人力资本	0.0082	0.0068	0.0144	0.0124	0.014	0.0114
社会资本	0.0228	0.0204	0.0136	0.0124	0.0357	0.0301
金融资本	0.0281	0.0304	0.0294	0.0314	0.0411	0.0458
生计指数	0.0597	0.058	0.0599	0.058	0.0936	0.0895

资料来源：根据中国家庭追踪调查数据库（CFPS）数据计算所得。

从表 7-5 中可以看出，主观不贫困农户的自然资本指数、物资资本指数、人力资本指数、社会资本指数均高于主观贫困农户，这与上文的分析较为一致。而在金融资本指数方面，主观不贫困农户则低于主观贫困农户，这可能是由于在金融资本方面，家庭借款对主观贫困的增强作用要高于家庭纯收入、存款对主观贫困的降低作用。农户在收入和存款方面虽然有了显著提升，但仍然还没有达到满足所有或大部分需求的状态。而家庭借款，尤其是亲朋借款，可能会让个体产生自卑等消极情绪，进而对农户的主观感受产生消极影响。由于金融资本与其他生计资本的不一致，在生计资本指数方面，各标准显示的结果也不太一致。其中，幸福感标准和收入评价标准衡量的主观贫困结果显示，主观不贫困农户的生计资本指数更高，而满意度标准衡量的主观贫困结果则显示，主观贫困农户的生计资本指数更高。因此，基于以上结果，我们也可以看出金融资本对农户主观贫困的影响不容忽视。以上均是农户生计资本与主观贫困的描述性统计特征，农户生计资本对主观贫困的影响是否显著还要通过进一步的实证检验。

7.3.2　生计资本对农户主观贫困的影响——实证分析

7.3.2.1　Logit 模型回归结果分析

表 7-6 和表 7-7 显示了 2010~2018 年生计资本对农户主观贫困影响的 Logit 模型回归结果。表中显示的是模型的回归系数及其显著性，以及模型准确预测的比率，均在 70% 以上，模型预测准确性良好。

从表7-6和表7-7中可以看出，自然资本、物资资本、人力资本和社会资本对农户主观贫困均具有显著的负向影响。其中，人力资本和社会资本对农户主观贫困的影响结果较为稳定，2010~2018年三个标准衡量的主观贫困结果均显示出人力资本和社会资本在降低农户主观贫困方面的显著影响。而自然资本和物资资本对农户主观贫困的影响结果相对不稳定，在某些年份或某些衡量标准下，其对农户主观贫困的影响表现为不显著，但影响的方向却都是负向的。因此，我们认为自然资本、物资资本、人力资本和社会资本的提高对于缓解农户主观贫困具有重要作用。自然资本是农户赖以生活的基础，是农村居民的"根"。其他条件相同的情况下，自然资本越多，农业生产收入越多的可能性也较大，当然也有可能损失得越多，因为农业生产存在较大的不确定性，面临着市场风险和自然风险的双重冲击。布瑞克数据库显示，2010年以来，农产品生产者价格指数在2014年、2017年和2018年均有下滑，影响农户的农业生产收入。因此，自然资本对农户主观贫困的影响是显著的，但这种影响有一定的不稳定性。物资资本在一定程度上是农户生活水平的体现，是农户拥有的实实在在的、看得见的资产。物资资本越多，说明农户的生活水平越高，农户主观贫困的概率越低。但是这种影响可能会受到周围人（如邻居）物资资本多少的影响，因为农户之间也有攀比的心理。如果比周围人拥有得更多，农户的优越感就越强，这会大大降低农户主观贫困的概率。反之，农户主观贫困的概率就越高。

表 7 - 6　　　　生计资本对农户主观贫困影响的模型估计
结果（2016 年/2018 年）

指标	2016 年		2018 年		
	满意度	收入评价	幸福感	满意度	收入评价
自然资本	- 178. 50 ***	- 188. 43 **	- 109. 68 ***	- 27. 91	- 21. 73
物资资本	- 33. 96 **	- 36. 62 ***	- 15. 97	- 11. 28	- 27. 47
人力资本	- 62. 84 ***	- 42. 56 ***	- 82. 72 ***	- 62. 17 ***	- 56. 42 ***
社会资本	- 140. 34 ***	- 84. 37 ***	- 17. 21 ***	- 19. 14 ***	- 13. 81 ***
金融资本	3. 40 ***	1. 00 **	1. 93 ***	2. 52 ***	1. 83 ***
年龄	0. 03 **	0. 02	0. 03	0. 06 **	- 0. 005
年龄平方	- 0. 0006 ***	- 0. 0002 *	- 0. 0004	- 0. 0009 ***	- 0. 00006
性别	0. 34 ***	- 0. 05	0. 10	0. 26 **	0. 14 *
慢性疾病	0. 09	0. 07	0. 10	0. 11	0. 13
在婚（有配偶）	- 0. 26 **	- 0. 12	- 0. 88 ***	- 0. 90 ***	- 0. 13
丧偶	0. 38 *	0. 52 ***	0. 38	- 0. 23	- 0. 23
离婚	0. 11	0. 20	- 0. 15	- 0. 44	0. 35
失业	0. 74 ***	0. 70 ***	0. 82 **	0. 71 *	1. 30 ***
退出劳动市场	0. 11	0. 60 ***	- 0. 13	- 0. 08	0. 53 ***
全日制在学	- 1. 30 ***	0. 18	- 1. 01 ***	- 1. 54 ***	- 0. 34
家庭规模	- 0. 002	0. 02 **	0. 02	0. 06 **	0. 003
西部地区	- 0. 02	- 0. 12 **	0. 52 ***	0. 09	- 0. 03
东部地区	0. 01	- 0. 10 *	0. 09	0. 09	0. 12
系数	0. 48	- 0. 24	- 1. 02 *	- 2. 20 ***	- 0. 79 *
样本数	13078	13078	9028	9028	9028
Wald chi2	626. 03 ***	588. 58 ***	278. 70 ***	175. 25 ***	263. 88 ***
Pseudo R2	0. 0758	0. 0507	0. 0747	0. 0569	0. 0452
预测准确率	87. 31%	79. 97%	93. 69%	95. 24%	90. 02%

注：＊、＊＊、＊＊＊分别表示 10%、5%、1% 的显著性水平。
资料来源：根据中国家庭追踪调查数据库（CFPS）数据计算所得。

表7－7　　　　　生计资本对农户主观贫困影响的模型估计结果
（2010 年/2012 年/2014 年）

指标	2010 年		2012 年			2014 年		
	满意度	收入评价	满意度	收入评价	幸福感	幸福感	满意度	收入评价
自然资本	-291.26***	-266.52***	-89.08***	-121.53***	-300.45***	46.62*	-16.65	-121.90***
物资资本	-89.64	-176.99***	-28.13***	-26.53**	-238.14*	-75.37***	-53.42***	-25.24
人力资本	-55.19***	-48.93***	-46.25***	-30.38***	-99.17***	-15.60***	-32.54***	-20.53***
社会资本	-10.30***	-11.45***	-140.01***	-72.29***	-14.90***	-122.90***	-60.11***	-48.39***
金融资本	1.48***	2.59***	1.37***	1.24***	3.02***	2.88***	3.01***	1.72**
控制变量	控制	控制	控制	控制	控制	控制	控制	控制
生计指数	-0.47	0.31	-0.37	-0.08	0.08	0.82	1.28***	0.17
预测准确率	84.76%	71.42%	81.72%	74.77%	90.27%	93%	91.56%	82.95%

注：＊、＊＊、＊＊＊分别表示10%、5%、1%的显著性水平。
资料来源：根据中国家庭追踪调查数据库（CFPS）数据计算所得。

　　人力资本和社会资本对农户主观福祉的研究也比较丰富，我们的研究结果与之较吻合。人力资本方面，受教育程度较高、身体越健康的农户，一方面可以获得相对更多的劳动收入；另一方面受教育程度越高，农户对自身的能力也会有一个更高的肯定，对未来充满信心，进而会对自己的生活有一个更高的评价（田雅娟等，2019）。社会资本也是农户比较重视的一种资产形式，其可以转化为生产力，如农户可以通过社会关系获得更多有价值的技术和信息等，降低农户的生产成本和交易成本，为农户带来更多的经济回报。此外，良好的人际关系可以形成互帮互助的社会氛围，帮助农户暂时抵御外界的不良冲击，也有助于促进农户的身心健康，在心理状态较好的情况下，农户对自己的生活也倾向于有一个更高的评价。因此，人力资本和社会资本的提高对于降低农户的主观贫困均有积极作用。

对于金融资本，2010～2018 年的回归结果均显示出，金融资本对农户主观贫困具有显著正向影响，说明金融资本的提高在一定程度上可能会增强农户的主观贫困感受。这样的结果可能与我们的指标选取有关，我们也分析了金融资本各指标对农户主观贫困的具体影响，见表 7 – 8。

表 7 – 8　　金融资本对农户主观贫困影响的模型估计结果

金融资本	2012 年		2014 年		
	满意度	收入评价	幸福感	满意度	收入评价
家庭年纯收入	- 3.33 ***	- 3.96 ***	- 2.17	- 13.61 *	- 18.35 ***
存款	- 18.95 ***	- 11.69 ***	- 3.31 **	- 4.81 ***	- 0.37
金融产品	- 0.37 **	- 0.12	- 0.71	0.05	- 0.31
银行贷款	0.09	0.12 *	- 0.09	- 0.02	- 0.07
亲朋借款	0.29 ***	0.20 ***	0.46 ***	0.39 ***	0.30 ***
非房贷借款总额	- 4.90 *	- 0.28	- 0.59	2.10	- 0.14
借款被拒	—	—	- 0.65 ***	- 0.79 ***	- 0.54 ***
控制变量	控制	控制	控制	控制	控制

金融资本	2016 年		2018 年		
	满意度	收入评价	幸福感	满意度	收入评价
家庭年纯收入	- 28.70 ***	- 3.71	0.64	- 6.67	- 0.41
存款	- 9.68 ***	- 7.11 ***	- 30.04 ***	- 41.93 ***	- 14.29
金融产品	- 0.48	- 0.40 *	- 0.02	- 0.08	0.14
银行贷款	0.20 **	- 0.003	- 0.03	0.23	0.08
亲朋借款	0.50 ***	0.22 ***	0.65 ***	0.38 ***	0.31 ***
非房贷借款总额	- 0.08	- 2.77	- 3.80 ***	- 0.79	- 0.55
借款被拒	- 0.40 ***	- 0.24 ***	- 0.24 ***	- 0.22 *	- 0.11
控制变量	控制	控制	控制	控制	控制

注：＊、＊＊、＊＊＊分别表示 10%、5%、1% 的显著性水平。

资料来源：根据中国家庭追踪调查数据库（CFPS）数据计算所得。

表7-8显示了2012年、2014年、2016年和2018年金融资本具体指标对农户主观贫困的影响结果（表格篇幅限制，没有列出2010年的结果）。整体来看，家庭年纯收入、家庭存款、借款被拒经历（1＝没有被拒经历）对农户主观贫困具有显著的负向影响，说明家庭年纯收入越高、存款越多、没有借款被拒的经历，农户主观贫困的概率越低。但是，银行贷款和亲朋借款却对农户主观贫困多表现为显著的正向影响，尤其是亲朋借款，说明如果农户有向银行、亲朋好友借款，其主观贫困的概率越大。但银行贷款和亲朋借款对农户主观贫困的影响显著性和影响大小却有较大差别，这可能与不同借款途径的借款用途不同有关。对于亲朋借款，农户向亲朋好友借款更多的是用于日常生活开支，如婚丧嫁娶、疾病、祭祀，投资于生产的较少。因此，亲朋负债对增加农户生产性收入的影响相对较少，并不能帮助农户脱离贫困。反而，这种负债还会影响农户的心理状态，进而影响农户的主观贫困感受。而银行借贷，通常是房贷、车贷，以及较多的生产性贷款等。其中，房贷、车贷等在社会上已经成为一个普遍现象，人们并不会因为有房贷和车贷而产生自卑等不良心理状态。而生产性贷款则可以为农户带来持续或更高的生产性收入，满足农户的更多需求。因此，这些指标的相反作用，使得金融资本这一变量对农户主观贫困的影响并不稳定。

关于控制变量对农户主观贫困的影响分析，我们在第4章已经讨论，在此便不再赘述。

7.3.2.2　面板二值选择模型回归结果

经豪斯曼检验，结果见表 7 – 9，对于满意度标准衡量的主观贫困，我们最终选择随机效应模型进行估计。而对于幸福感标准和收入评价衡量的主观贫困，豪斯曼检验结果显示选择固定效应模型进行估计更好，但是考虑到我们的数据是个体微观数据，是从总体中随机抽取出来的，在理论上选择随机效应更为合适。

表 7 – 9　　　　　面板二值模型选择的豪斯曼检验结果

估计方法	幸福感标准	满意度标准	收入评价标准
混合效应 VS 固定效应	固定效应	混合效应	固定效应
混合效应 VS 随机效应	随机效应	随机效应	随机效应
固定效应 VS 随机效应	固定效应	随机效应	固定效应
模型选择结果	固定效应	随机效应	固定效应

基于此，本节会综合考虑固定效应模型和随机效应模型的结果，全面分析生计资本与幸福感标准和收入评价标准衡量的主观贫困之间的关系。结果见表 7 – 10，表中我们同时列出了固定效应和随机效应的估计结果作为参考。

表 7 – 10　　　　生计资本对农户主观贫困影响的固定效应、
随机效应模型结果

指标	固定效应模型			随机效应模型		
	幸福感	满意度	收入评价	幸福感	满意度	收入评价
自然资本	– 28.33	– 38.60	– 4.61	– 60.81	– 54.49	– 14.46
物资资本	– 33.87	– 6.42	– 44.43 ***	– 106.93 **	– 82.57 ***	– 101.89 ***
人力资本	8.09	– 2.28	– 20.57 ***	– 29.18 **	– 47.22 ***	– 44.57 ***

续表

指标	固定效应模型			随机效应模型		
	幸福感	满意度	收入评价	幸福感	满意度	收入评价
社会资本	-3.18	-17.85 ***	-16.65 ***	-11.22 **	-28.91 ***	-29.04 ***
金融资本	1.90	2.46 **	1.50 ***	5.01 ***	3.91 ***	1.61 ***
控制变量	控制	控制	控制	控制	控制	控制

注：** 、*** 分别表示5%、1%的显著性水平。
资料来源：根据中国家庭追踪调查数据库（CFPS）数据计算所得。

对于幸福感标准衡量的主观贫困结果，固定效应和随机效应模型的估计系数并不一致。其中，固定效应模型估计结果显示，各类生计资本对农户主观贫困的影响均不显著。但自然资本、物资资本和社会资本对农户主观贫困主要表现为负向但不显著的影响，仍然说明了自然资本、物资资本和社会资本对降低农户主观贫困具有一定的积极作用。而随机效应模型结果则显示，物资资本、人力资本和社会资本对农户主观贫困呈现出显著的负向影响，自然资本仍然对农户主观贫困表现为负向但不显著的影响，这进一步验证了生计资本对降低农户主观贫困的积极作用。在金融资本方面，金融资本对农户主观贫困表现为显著的正向影响，这与上文的分析也是一致的，我们就不再赘述。

满意度标准衡量的主观贫困结果（随机效应模型）与收入评价标准衡量的主观贫困结果（固定效应模型和随机效应模型）是一致的，均显示出物资资本、人力资本和社会资本对农户主观贫困有显著的负向影响，自然资本则对农户主观贫困表现为负向但不显著的影响，而金融资本表现为显著的正向影响，这与上文的分析结果也是一致的。因此，总体来看，生计资本对农户主观贫困表现出了显著影响。

7.4　本章小结

本章在生计资本理论的基础上，综合以往相关研究和现有数据（CFPS 数据库），构建生计资本指标体系，并利用熵值法测度农户的生计资本水平，比较不同主观贫困特征农户的生计资本水平差异。最后，综合利用二值选择模型（Logit）和面板二值选择模型，实证检验了生计资本对农户主观贫困的影响。研究结果有以下几点。

（1）利用熵值法测度农户的生计资本水平，结果表明，从时间维度来看，2010～2018 年，农户的生计资本水平处于上升趋势，说明我国农户的生计能力有所提高。但从截面数据来看，各项生计资本均处于较低的水平，还有较大的提升空间。在生计资本中，金融资本是最高的，其次为人力资本和社会资本，农户的自然资本和物资资本是相对最低的。这可能与我们的金融指标选取有关，不仅包括农户的收入，还包括农户的负债。

（2）生计资本对农户主观贫困影响的实证分析结果显示，自然资本、物资资本、人力资本和社会资本的提高对于缓解农户主观贫困具有重要作用。其中自然资本和物资资本对农户主观贫困的作用不稳定，而人力资本和社会资本对农户主观贫困的作用较为稳定。自然资本是农户赖以生活的基础，自然资本越多，农业收入越多。但农业生产存在较大的不确定性，面临着市场风险和自然风险双重冲击，自然资本越多，面临的风险也越大。物资资本在一定程度上是农户生活水平的体现，是农户拥有的实实在在的、看得见的资产。物资资本越多，说明农户的生活水平越高，农户主观上贫困的概率越低。但由于农户之间的攀比心理，这种影响还会受到周围人（如邻居）物资资本多少的影响。

而金融资本对农户主观贫困最终表现出显著的正向影响，这可能与我们的指标选取有关。在金融资本指标中，家庭年纯收入、家庭存款、借款被拒经历（1 = 没有）对农户主观贫困具有显著的负向影响，但亲朋借款指标却对农户主观贫困具有显著的正向影响，这些指标之间相反的作用方向最终导致金融资本对农户主观贫困呈现出显著的正向作用，这也说明了亲朋借款在金融资本对农户主观贫困的影响中发挥了重要作用。

第8章 研究结论与政策建议

随着经济的发展和社会环境的改变，贫困问题研究越来越深入，也越来越多样化，多维相对贫困和主观贫困受到学者越来越多的关注，尤其是主观贫困问题。但是国内对于农户主观贫困问题的研究还相对比较缺乏。本书在梳理相关理论和文献的基础上，构建生计资本、多维相对贫困和主观贫困指标体系，在熵值法、"A-F"方法、ROC曲线等技术性方法的基础上，测度并考察了我国农户生计资本水平特征，以及农户多维相对贫困和主观贫困状态特征。在此基础上，综合运用二值选择模型、面板二值选择模型、因果中介效应模型等实证检验多维相对贫困对农户主观贫困的影响和影响机制，以及生计资本在改善农户主观贫困上的积极或消极作用。本章主要归纳总结了实证分析部分得出的研究结论，并针对这些研究结论提出了改善农户主观贫困的政策建议。

8.1　研究结论

（1）不同衡量标准下，农户主观贫困发生率不同，但整体上均呈现出下降趋势。并且，主观贫困农户和主观不贫困农户的特征有明显差异。农户主观贫困发生率与其衡量标准有关，在主观幸福感、生活满意度和收入评价三个衡量标准中，收入评价标准衡量的主观贫困发生率最高，在 9.99% 及以上，生活满意度标准次之，而幸福感标准衡量的主观贫困发生率最低，在 10% 以下。2010～2018 年，三个标准衡量的主观贫困发生率均有下降的趋势，说明我国农户主观贫困情况也处于不断好转之中。

主观贫困群体一般收入较低、家庭规模较小。在性别和年龄方面，三个标准衡量的主观贫困结果有所出入。其中幸福感标准和满意度标准衡量的主观贫困结果显示，男性处于主观贫困状态的概率更大；但是收入评价标准衡量的主观贫困结果显示，女性会处于主观贫困状态的概率更大。这可能是因为男性收入一般会高于女性收入，因此在收入评价时，男性的评价会相对较高，而女性对收入地位的评价则相对较低。年龄与农户主观贫困之间呈现出一定的非线性关系，随着年龄的上升，农户主观贫困的概率呈先上升后下降的趋势。在早年阶段，个体的身体素质处于最好的状态，有较多的工作机会和劳动收入。并且，在这个阶段，赡养父母和抚养孩子的压力也较小。因此，在这个阶段，个体对生活水平的评价相对较高。但是，在中年阶段，工作的压力、小孩的出生与养育，以及赡养父母的压力等都随之而来，收支平衡能力减弱。因此，在这个阶段，个体对生活水平的评价相对较低。在老年阶段，虽然收入较低，但是有孩子的帮扶。并且，在这个阶段，个体对生活的需求或要求也没有之前那么高。因此，在这个阶段，个体对生活水平也有一个不错的评价。

（2）我国农户的多维相对贫困程度总体呈现下降趋势，但仍有改善空间。成人教育和健康剥夺、家庭做饭用水剥夺、家庭做饭燃料剥夺、家庭资产剥夺是农户多维相对贫困的主要表现。基于 2010～2018 年 CFPS 数据库，利用"A-F"方法衡量的农户多维相对贫困指数结果显示，2010～2018 年各多维相对贫困指数呈现出下降的趋势，说明我国的扶贫政策发挥了极大作用，农户的多维相对贫困情况不断好转。但 2018 年还有 18.83% 的农户处于多维相对贫困状态，其中 20.76% 的人口处于严重多维相对贫困状态，因此，我国农户的多维相对贫困状况还有改善的空间，多维相对贫困仍然需要被持续关注。农户的多维相对贫困状态仍以短期为主，持续时间较短，暂时性贫困农户占比最高，慢性贫困农户占比最低。农户多维贫困脆弱人口比率也呈下降趋势，但 2018 年约 26% 的农户仍处于多维贫困脆弱状态。

具体来看，农户在成人教育、成人健康、家庭做饭用水、家庭做饭燃料、家庭资产方面被剥夺最为严重，被剥夺比例均在

30% 以上，即有 30% 以上的农户在以上方面被剥夺。其次为医疗保险剥夺和儿童营养剥夺，被剥夺比例均在 13% 以上，家庭收入和家庭住房剥夺比例多在 5% 以上，而儿童辍学和家庭用电方面的被剥夺比例最低，均在 5% 以下，且多在 2% 以下。因此，我们可以着重在成人健康、做饭用水净化、做饭燃料供给等方面提高农户的生活水平。

西部地区农户的多维相对贫困情况最为严重，2018 年还有 21.47% 的农户处于多维相对贫困状态，其中 22.59% 的农户处于严重多维相对贫困状态。家庭规模与农户多维相对贫困的关系并非线性的，随着家庭规模的增大，农户多维相对贫困的概率呈现出先下降后上升的趋势，三口之家的多维相对贫困发生概率最低，2018 年约 12.83%。这可能是因为家庭规模经济的存在，随着家庭规模的增大，家庭人均消费会有所降低，从而有更多的资源满足其各方面的需要。但是，随着家庭规模的增大，家庭抚养比也随之增大，增加了农户多维相对贫困的概率。因此，综合来看，三口家庭处于多维相对贫困的概率最低。从不同家庭结构农户的多维相对贫困发生率差异来看，赡养老人和抚养小孩都容易导致家庭陷入多维相对贫困，但相对于赡养老人来说，抚养小孩更难，更容易导致家庭陷入多维相对贫困，这可能也是我国出生率相对较低的原因之一。尤其在儿童教育方面，较高的培训费用，如思维培训、体育培训、艺术培训等，增加了家庭的生活压力。因此，应加强儿童福利供给，减轻家庭在抚养儿童方面的压力。

（3）多维相对贫困不仅会直接影响农户的主观贫困，还会通过影响农户的心理健康间接影响农户的主观贫困。综合运用二值选择模型、面板二值选择模型实证分析多维相对贫困及其动态特征对农户主观贫困的影响。结果显示，多维相对贫困对农户主观贫困具有显著的正向影响，即处于多维相对贫困状态的农户更容易主观贫困或者其主观贫困的概率更大。2018年，幸福感标准、满意度标准和收入评价标准衡量的主观贫困结果显示，多维相对贫困群体处于主观贫困状态的概率比是多维不贫困群体的1.31倍、1.38倍、1.24倍。这可能是因为，处于多维相对贫困状态的农户，其基本需要没有得到满足，或者在某些方面是相对缺乏的。在向上比较的驱动下，农户会与身边生活水平相对较高的人进行比较，从而对自己的生活作出一个较低的评价。具体来看，成人健康剥夺、家庭资产剥夺和住房剥夺对农户主观贫困的影响较大，其次为家庭收入剥夺和医疗保险剥夺，而成人教育剥夺、儿童营养不良、做饭用水剥夺和家庭用电剥夺对农户主观贫困的影响相对较小。

多维相对贫困动态特征分析表明，农户多维相对贫困经历时间越长，其主观贫困的概率越高。农户多维相对贫困经历时间每增加一年，幸福感标准、满意度标准和收入评价标准衡量的农户主观贫困的概率比就会分别增加35%、24%、18%，说明我国农户并不会适应他们自身长期处于贫困的状态。相对于没有经历过多维相对贫困的农户而言，经历过多维相对贫困的农户的主观贫困概率更高。相对于脱贫农户，返贫农户的主观贫困概率相对更高。多维贫困脆弱对农户主观贫困也有显著的正向影响，即相对于多维贫困不脆弱农户，多维贫困脆弱农户的主观贫困概率更高。2018 年，幸福感标准、满意度标准和收入评价标准衡量的农户主观贫困的概率比分别将提高 30%、13%、31%。因为处于多维贫困脆弱状态，意味着农户短时间内很难改善其生活状态，或者未来的生活水平很可能会降低。因此，处于多维贫困脆弱状态的农户对其未来的前景是不乐观的，甚至是气馁的，在其他条件相同的情况下，更有可能对自己的生活作出一个较低的评价。

因果中介效应分析表明，相对于多维不贫困农户，多维相对贫困农户的心理健康水平较低。心理健康在多维相对贫困对农户主观贫困影响中的中介作用是显著的，其中，多维相对贫困对满意度标准衡量的主观贫困的影响有 26.58% 来自心理健康的中介作用（2012 年），而对收入评价标准衡量的主观贫困的影响有 10.14% 来自心理健康的中介作用（2012 年）。多维贫困脆弱也会通过影响农户的心理健康间接影响农户的主观贫困感受。多维贫困脆弱对满意度标准衡量的主观贫困的影响有 52.09% 来自心理健康的中介作用（2012 年），多维贫困脆弱对收入评价标准衡量的主观贫困的影响有 24.18% 来自心理健康的中介作用（2012 年）。因此，改善农户的多维相对贫困（脆弱）状态，以及提高农户的心理健康水平均有助于改善农户的主观贫困感受。

（4）我国农户的生计能力较低，但一直处于不断提升的状态。生计资本的减贫作用显著，对于降低农户的主观贫困有一定的积极作用。基于熵值法测度的生计资本结果显示，农户的生计资本水平处于上升趋势。但各项生计资本均处于较低的水平。五项生计资本中，资本存量较高的为社会资本和金融资本，而自然资本、物资资本和人力资本较低。其中，金融资本是最高的，这可能是因为本书的金融资本不仅包括家庭的收入、存款，还包括农户的借款能力（负债）。对于社会资本，农户长期生活在基于血缘、亲缘、地缘的社会关系中，这种关系是比较稳定且有质量的。农户的自然资本和物资资本是最低的。我国的农户一般都是小农户，拥有的土地面积较少。在小规模生产的模式下，农户对农用机械等的投入也不会太多。

在生计资本的减贫效应方面，自然资本、物资资本、人力资本和社会资本的提高对于缓解农户主观贫困具有重要作用。其中，自然资本和物资资本对农户主观贫困的作用不稳定，而人力资本和社会资本对农户主观贫困的作用较为稳定，历年均呈现出显著的负向影响（即对降低农户主观贫困是积极作用）。自然资本是农户赖以生存的基础，自然资本越多，农业收入一般也越多。但农业生产还存在较大的不确定性，面临着市场风险和自然风险的双重冲击，自然资本越多，面临的风险也越大，可能的损失也越多。而物资资本在一定程度上是农户生活水平的体现，是农户拥有的实实在在的、看得见的资产。物资资本越多，说明农户的生活水平越高，农户主观贫困的概率一般越低。但由于农户之间往往存在较强的攀比心理，因此，这种影响还会受到周围人（如邻居）物资资本多少的影响。因此，自然资本和物资资本对农户主观贫困的影响并不稳定。

金融资本对农户主观贫困的影响也不稳定。这可能与我们的指标选取有关。在金融资本指标中，家庭年纯收入、家庭存款、借款被拒经历对农户主观贫困具有显著的负向影响，但亲朋借款指标却对农户主观贫困具有显著的正向影响，这些指标之间相反的作用方向最终导致金融资本对农户主观贫困的影响并不稳定。

8.2 政策建议

以上研究结论显示，生计资本和多维相对贫困对农户的主观贫困均有显著的影响。为提高农户的主观福利，本书提出如下几点对策建议。

（1）建立多维相对贫困指标体系，将多维相对贫困的衡量上升到理论层面。2020 年在绝对贫困标准下，我国贫困人口基本完成脱贫，我国的绝对贫困问题已经基本解决。但贫困问题并不是某一个时间的问题，而是一个长期性的问题。因此，2020年之后，相对贫困将成为贫困的新的存在形态，也是我国扶贫工作的重心。从多维的角度研究我国的相对贫困问题，有助于全面了解并提升我国相对贫困人口的生活状态。世界银行已经公布了部分国家的多维贫困发生率，如美国的多维贫困发生率从2010年的41.2%，下降到2018年的23.6%。但由于中国的数据比较缺乏，如住房数据，更没有衡量多维贫困随时间变化的必要数据，因此世界银行并没有公布中国的多维贫困发生率等。但世界银行关于多维贫困发生率等数据的公布，也在一定程度上说明了多维贫困这一贫困概念已经被世界很多国家所认可。

对于多维相对贫困的衡量，主要涉及两个问题，一是多维相对贫困指标的选取，二是多维相对贫困识别临界值的界定，这些在我国都还没有官方统一的标准。在不同的多维相对贫困指标体系，以及不同的临界值选择下，学者衡量的多维相对贫困发生率等多维相对贫困指数也有差异，但是哪一个更接近我国的实际情况，却不得而知。牛津贫困与人类发展组织（OPHI）提出的多维贫困指标体系具有一定的借鉴意义，可以进行国际比较。但是，在此基础上，可以增加收入维度，因为有很大一部分处于货币贫困边缘的人，很容易再次陷入货币贫困。因此，货币标准仍然具有一定的识别意义。对于生活用电，我国在2016年已有99.3%的贫困地区农户可以通电，因此，我国农户的生活用电问题已经得到基本解决，在我国多维贫困指标体系中是否还要考虑用电问题值得探讨。本书考虑到电已经成为人们生活的必需品，并且在本书的研究时间范围内（2010～2018年）可能还有少数极度贫困地区没有通电，在多维贫困衡量中仍然考虑了农户的用电问题。但在以后的多维贫困衡量中是否需要考虑用电问题需要进一步的探讨。

在识别多维相对贫困临界值的设定上，可以依据我国的实际情况设定，如个体的营养问题（健康维度）。对于儿童营养不良的界定标准，应用我国卫生部提出的符合我国儿童体质的标准，如《学龄儿童青少年营养不良筛查》等。国外的标准主要建立在欧美白人儿童基础上，并不符合我国儿童的体质，用国外的标准界定我国儿童的营养状况时会出现较大误差。家庭资产也是农户生活水平的一个重要体现，利用相对临界值可以判断农户在家庭资产方面的相对贫困情况，也使得多维贫困和相对贫困研究可以有机结合。因此，基于我国实际情况来设定多维相对贫困的临界值，可以增强 OPHI 多维相对贫困指标体系在我国的适用性。

（2）基于多维相对贫困概念改善农户的客观福利。研究表明，目前，成人教育剥夺、成人健康剥夺、家庭做饭用水剥夺、家庭做饭燃料剥夺、家庭资产剥夺是农户多维相对贫困的主要表现，被剥夺比例均在 30% 以上。对于成人教育，有 60% 以上的农户其家庭成人平均教育在初中以下，这与以往的教育条件有关。不同年龄段的人所处的历史背景不同，更确切地说是教育制度不同。在不同的教育制度下，人们所受的教育水平会有所差异。老年人受教育水平一般较低，也拉低了家庭的平均受教育水平。但是，对于成人的教育问题，直接提高成人的教育水平难度较大，也不太现实，我们只能从现在儿童的教育抓起，或者加强对成人的培训。儿童辍学问题已经有了较大改善，有儿童辍学的农户家庭比例从 2010 年的 4.57% 下降到了 2018 年的 0.92%。因此，更应该关注成人的培训问题，根据农民个体的需求，有针对性地加强培训，使之能够快速转化为生产力，提高他们的整体生活水平。在健康方面，成人健康和儿童营养不良问题仍然较为严重，尤其是成人健康问题更为严重。成人是一个家庭的主要生产力，其健康状况更应该受到大家的关注。因此，在农村，应加大健康知识的宣传和培训，加强并督促农民定期进行健康检查。对于不方便的老年人，加强进村服务，或上门服务。完善农村的基础体育设施，加强成人和儿童的体育锻炼，提高身体素质。同时，也应完善农村的医疗保险制度，为健康问题提供后续保障，降低农户因病致贫的风险。对于家庭做饭用水和燃料方面，首先应加大基础设施的投入力度，为每家每户安装自来水管、天然气管道等设施。其次应提高这些设施的利用率，有些地区基础设施完备，但农户仍然没有干净的用水（停水问题）和方便的天然气，这些设施在农村的利用效率较低。对于家庭资产问题，最终可能会转化到农户的收入问题上，收入越高，购买的耐用消费品也越多，因此提高农户收入仍然是改善农户多维相对贫困的重要之举。

（3）提高农户的生计资本水平，改善农户的主观贫困感受。实证分析结果显示，提高农户的自然资本、物资资本、人力资本和社会资本对于改善农户主观贫困感受有重要意义。基于熵值法测度的生计资本结果显示，农户的生计资本水平处于一个较低的水平，尤其是农户的自然资本、物资资本和人力资本。人力资本和物资资本我们在上文已有阐述，在此重点阐述自然资本、社会资本和金融资本。对于自然资本，本书选择的是基于土地面积衡量的土地价值。农户所拥有的土地面积的改变较小，但是我们可以提升单位土地面积的价值，如优化土地的种植模式（间种、套种），提高土地的利用率，或者依据地理优势，种植特色农产品，以及高附加值的农产品，提升土地的价值。

对于社会资本，本书主要用家庭的人情礼支出、交通通信支出和信任态度表示，体现了农户的社会关系广度和社会关系质量。社会资本丰富的农户，得到的社会支持可能也相对较多，有利于提升农户的心理健康，改善农户的主观福利。对于农户社会资本的提升，既要提升农户社会关系的广度，更要提升社会关系的质量。农村是典型的熟人社会，其社会关系主要是由血缘、亲缘、地缘构成的社会网络，在社会关系的广度方面，可以引导农户加入一些生产组织、服务组织或文艺组织等，如农民合作组织，扩大农户之间的信息交流，引导农户有意识地扩大其社会关系的范围。同时，也可以加强农户的网络技术培训，利用网络平台进行直播、销售农产品等获得收益。在社会关系的质量方面，加强农户的素质教育，引导农户互帮互助，有意识地培养自己的信誉。

对于金融资本，家庭年纯收入、家庭存款、借款被拒经历

(1 = 没有被拒经历）对改善农户主观贫困具有显著的积极影响。相对于银行借款，亲朋借款却对改善农户主观贫困具有更为显著的消极影响。因此，就目前来说，提高家庭收入仍然对农户的主观贫困具有改善作用，如提升农民的就业机会等。借款被拒是一种非常消极的体验，会对个体的认知、情绪、自尊等产生消极影响，对个体的归属需求和关系需求形成阻碍，进而影响个体的心理健康和主观感受（Baumeister & Tice，1990；Twenge et al.，2001；Twenge et al.，2007）。因此，应加大农村正规金融对农民的支持，降低贷款门槛。在银行借款和亲朋借款方面，对于农户来说，银行贷款门槛高，拥有的银行贷款机会和贷款额度都较低，并且，银行贷款已经成为社会的一种普遍现象，尤其是城市居民，房贷、车贷等对大家来说都是一种正常的事情，并不会引起大家心理上的自卑等消极情绪。但向亲朋好友借款不同，向亲朋好友借款意味着你的能力可能不如亲朋好友，在社会比较的作用下，个体可能会产生自卑等消极情绪，进而影响农户的主观感受。因此，更应加大正规金融机构对农户的支持力度，加大向农户的宣传力度，降低贷款的门槛和利息，让农户无后顾之忧。

（4）关注农户的心理健康，为农户提供更可靠的心理健康指导。我国疾病预防控制中心指出居民心理健康对我国社会发展与进步，以及实现全面小康均具有重要影响作用。相较于城市居民，农村居民的心理健康状况更差一些，在情绪体验、自我认识、人际交往、认知效能和适应能力方面均不如城市居民。但是对于心理健康的研究主要集中于一些特殊群体，如老年群体、学生群体、特殊职业群体（教师、军人、护士等）等（俞国良和董妍，2012），对农村居民心理健康的研究却相对较少，也主要集中于农民工群体的心理健康问题。因此，农村居民的心理健康问题需要更多的研究。对于缓解农户的心理健康问题，一是要引起政府和农户对心理健康问题的重视，通过网络平台加大心理健康知识的宣传。手机是一个重要的网络平台，是农村居民主要的网络交流工具和娱乐工具。并且，农户普遍都拥有手机，贫困地区农户平均每家都拥有 2 台手机。因此，通过手机这一平台宣传心理健康知识可能涉及的农户群体更广。此外，在宣传上，也应注意宣传的方式，减少文字类的宣传，增加视频、音频等宣传方式，减少理论宣传，增加案例宣传，引起农户阅读或观看的兴趣。二是开通简易化的网络心理健康服务平台，包括心理健康咨询、心理健康测评和心理健康治疗等。有些个体在面对面交流时，可能并不愿意说出自己的问题，更希望在虚拟空间展现自己。三是丰富农户的生活，如组织一些文体活动等，分散农户对那些不好事情的注意力，并加强与他人的交流，减少不良情绪体验。

参考文献

［1］蔡笑伦，叶龙，王博．心理资本对职业倦怠影响研究——以心理健康为中介变量［J］．管理世界，2016（4）：184－185.

［2］柴效武．家庭本质是经济关系［J］．社会，1984（2）：33－34.

［3］陈飞，卢建词．收入增长与分配结构扭曲的农村减贫效应研究［J］．经济研究，2014，49（2）：101－114.

［4］陈强．高级计量经济学及 Stata 应用（第二版）［M］．北京：高等教育出版社，2014.

［5］陈永伟，顾佳峰，史宇鹏．住房财富、信贷约束与城镇家庭教育开支——来自 CFPS2010 数据的证据［J］．经济研究，2014，49（S1）：89－101.

［6］程令国，张晔，沈可．教育如何影响了人们的健康？——来自中国老年人的证据［J］．经济学（季刊），2015（1）：305－330.

［7］党云晓，张文忠，湛丽，等．居民幸福感的城际差异及其影响因素探析——基于多尺度模型的研究［J］．地理研究，2018，37（3）：539－550.

［8］邓敏．社会关系、心理健康水平与老年人主观幸福感改进——基于 CGSS2015 数据的实证分析［J］．人口与发展，2019，25（3）：85－93.

［9］丁赛，李克强．农村家庭特征对收入贫困标准的影响——基于主观贫困的研究视角［J］．中央民族大学学报（哲学社会科学版），2019，46（1）：77－85.

［10］丁文强，董海宾，侯向阳，等．基于多项 Logit 模型的牧户生计资本对生计策略选择影响的实证研究［J］．中国农学通报，2020，36（9）：150－158.

［11］董海宾，丁勇，丁文强，等．生计资本视角下牧户主观生活满意度研究——以内蒙古三类牧区为例［J］．干旱区资源与环境，2020，34（3）：14－19.

［12］樊丽明，解垩．公共转移支付减少了贫困脆弱性吗？［J］．经济研究，2014，49（8）：67－78.

［13］冯贺霞．从发展的角度看幸福［D］．武汉：武汉大学，2014.

［14］傅安国，吴娜，黄希庭．面向乡村振兴的心理精准扶贫：内生动力的视角［J］．苏州大学学报（教育科学版），2019，7（4）：25－33.

［15］高建民．中国农民概念及其分层研究［J］．河北大学

学报（哲学社会科学版），2008，142（4）：46－49.

[16] 高丽，李树茁，吴正. 社区贫困对老年人心理健康的影响及其城乡差异——基于 2014 年中国老年社会追踪调查的分析 [J]. 人口与发展，2019，25（5）：38－49.

[17] 高强，孔祥智. 论相对贫困的内涵、特点难点及应对之策 [J]. 新疆师范大学学报（哲学社会科学版），2020，41（3）：2，120－128.

[18] 高帅，史婵，唐建军. 基于增能赋权视角的农户贫困脆弱性缓解研究——以太行山连片特困地区为例 [J]. 中国农村观察，2020，151（1）：61－75.

[19] 郭君平，张斌，吴国宝. 宗教信仰、宗教参与影响农民主观贫困和福利吗？——来自全国 5 省 1000 个农户调查的证据 [J]. 经济与管理评论，2016，32（3）：14－24.

[20] 郭熙保，周强. 长期多维贫困、不平等与致贫因素 [J]. 经济研究，2016，51（6）：143－156.

[21] 郭之天，陆汉文. 相对贫困的界定：国际经验与启示 [J]. 南京农业大学学报（社会科学版），2020，20（4）：100－111.

[22] 何军，沈怡宁，唐文浩. 社会资本、风险抵御与农村女户主家庭贫困脆弱性的研究——基于 CFPS 数据的实证分析 [J]. 南京农业大学学报（社会科学版），2020，20（3）：146－157.

［23］胡荣，黄倩雯．社会资本、休闲方式与老年人的心理健康［J］．湖南社会科学，2019，191（1）：51－58．

［24］胡原，曾维忠．深度贫困地区何以稳定脱贫？——基于可持续生计分析框架的现实思考［J］．当代经济管理，2019，41（12）：7－12．

［25］胡在珊．精准扶贫更需关注"心理扶贫"［J］．人民论坛，2020，674（19）：70－71．

［26］黄承伟，王小林，徐丽萍．贫困脆弱性：概念框架和测量方法［J］．农业技术经济，2010，184（8）：4－11．

［27］黄四林，侯佳伟，张梅，等．中国农民工心理健康水平变迁的横断历史研究：1995—2011［J］．心理学报，2015，47（4）：466－477．

［28］黄薇．保险政策与中国式减贫：经验、困局与路径优化［J］．管理世界，2019，35（1）：135－150．

［29］黄友林．家庭的本质是什么？——与邓伟志同志商榷［J］．社会，1983（5）：35．

［30］黄云，任国强，周云波．收入不平等对农村居民身心健康的影响——基于CGSS2015数据的实证分析［J］．农业技术经济，2019，287（3）：25－37．

［31］贾海彦，韩祎祎．认知能力，心理状态与主观贫困——基于CFPS（2016年）的实证研究［J］．社会福利（理论版），2019，543（11）：52－60．

［32］乐章，鲁志敬．生计资本视角下城乡老年人生活幸福感的比较——基于中国综合社会调查（2013）的实证分析［J］．湖北经济学院学报，2016，14（4）：61－67.

［33］李锋，刘杨．互联网使用、社会信任与患方信任——基于因果中介模型的分析［J］．中国社会心理学评论，2020（1）：81－94，185.

［34］李静，王月金．健康与农民主观福祉的关系分析——基于全国5省（区）1000个农户的调查［J］．中国农村经济，2015，370（10）：80－88.

［35］李磊，刘鹏程，孙婳．男性与女性，谁更幸福［J］．统计研究，2017，34（7）：82－93.

［36］李丽忍，陈云．我国农村家户多维贫困脆弱性的测度分析［J］．统计与决策，2019，35（11）：76－81.

［37］李小云，许汉泽．2020年后扶贫工作的若干思考［J］．国家行政学院学报，2018，112（1）：62－66，149－150.

［38］梁凡，朱玉春．农户贫困脆弱性与人力资本特征［J］．华南农业大学学报（社会科学版），2018，17（2）：95－106.

［39］梁樱．心理健康的社会学视角——心理健康社会学综述［J］．社会学研究，2013，28（2）：220－241，246.

［40］林文，邓明．贸易开放度是否影响了我国农村贫困脆弱性——基于CHNS微观数据的经验分析［J］．国际贸易问题，2014，378（6）：23－32.

［41］刘波，王修华，彭建刚．主观贫困影响因素研究——基于 CGSS（2012—2013）的实证研究［J］．中国软科学，2017（7）：139 - 151.

［42］刘二鹏，张奇林．社会养老保险缓解农村老年贫困的效果评估——基于 CLHLS（2011）数据的实证分析［J］．农业技术经济，2018（1）：98 - 110.

［43］刘秀丽，张勃，杨晓东，等．农户生计资本对旅游区农户生活满意度的影响——基于五台山景区的调查数据［J］．干旱区资源与环境，2018，32（11）：195 - 201.

［44］龙耀乾．“钱米分父子”反映出家庭本质［J］．社会，1984（2）：36，67.

［45］陆汉文，杨永伟．从脱贫攻坚到相对贫困治理：变化与创新［J］．新疆师范大学学报（哲学社会科学版），2020，41（5）：2，86 - 94.

［46］罗楚亮．经济增长、收入差距与农村贫困［J］．经济研究，2012，47（2）：15 - 27.

［47］吕新博，赵伟．多维贫困视角下农村相对贫困治理路径研究［J］．山东农业大学学报（社会科学版），2019，21（4）：27 - 31，129.

［48］吕雁琴，邱康权．我国区域间幸福差距及其影响因素研究——基于 CGSS（2015）数据实证研究［J］．新疆大学学报（哲学·人文社会科学版），2020，48（5）：13 - 24.

［49］马铮．社会资本、家庭生命周期与农户多维贫困［J］．统计与决策，2021，37（3）：5－9．

［50］聂荣，张志国．中国农村家庭贫困脆弱性动态研究［J］．农业技术经济，2014，234（10）：12－20．

［51］潘文轩，阎新奇．2020年后制定农村贫困新标准的前瞻性研究［J］．农业经济问题，2020，485（5）：17－27．

［52］瞿小敏．社会支持对老年人生活满意度的影响机制——基于躯体健康、心理健康的中介效应分析［J］．人口学刊，2016，38（2）：49－60．

［53］任国强，王福珍，罗玉辉．收入、个体收入剥夺对城乡居民健康的影响——基于CGSS2010数据的实证分析［J］．南开经济研究，2016，192（6）：3－22．

［54］沈扬扬，Alkire Sabina，詹鹏．中国多维贫困的测度与分解［J］．南开经济研究，2018，203（5）：3－18．

［55］施海波，吕开宇．2020年后反贫困战略：话语切换、顶层谋划与学界探讨［J］．中国农业大学学报（社会科学版），2020，37（3）：88－100．

［56］施琳娜，文琦．相对贫困视角下的精准扶贫多维减贫效应研究——以宁夏彭阳县为例［J］．地理研究，2020，39（5）：1139－1151．

［57］史恒通，赵伊凡，吴海霞．社会资本对多维贫困的影响研究——来自陕西省延安市513个退耕农户的微观调查数据

［J］．农业技术经济，2019，285（1）：86－99．

［58］斯丽娟．家庭教育支出降低了农户的贫困脆弱性吗？——基于 CFPS 微观数据的实证分析［J］．财经研究，2019，45（11）：32－44．

［59］宋长鸣，李剑，徐娟．菜价波动背景下消费者蔬菜购买行为变化研究［J］．统计与决策，2016，447（3）：110－114．

［60］苏芳，尚海洋．农户生计资本对其风险应对策略的影响——以黑河流域张掖市为例［J］．中国农村经济，2012，332（8）：79－87，96．

［61］苏飞，庞凌峰，马莉莎．生计资本对杭州市农民工生活满意度的影响［J］．浙江农业学报，2014，26（1）：241－246．

［62］苏群，赵霞，季璐．基于剥夺理论的农民工心理健康研究［J］．华中农业大学学报（社会科学版），2016，126（6）：93－101，145－146．

［63］孙久文，夏添．中国扶贫战略与2020年后相对贫困线划定——基于理论、政策和数据的分析［J］．中国农村经济，2019，418（10）：98－113．

［64］谭永风，陆迁，郎亮明．市场不确定性、产业扶贫项目参与对农户贫困脆弱性的影响［J］．西北农林科技大学学报（社会科学版），2020，20（4）：121－130．

［65］檀学文．走向共同富裕的解决相对贫困思路研究［J］．中国农村经济，2020，426（6）：21－36．

［66］田雅娟，刘强，冯亮．中国居民家庭的主观贫困感受研究［J］．统计研究，2019，36（1）：92－103.

［67］童玉林．贫困对老年心理健康的影响及其城乡差异——基于 CLASS 数据的分析［J］．兰州学刊，2020，322（7）：192－208.

［68］涂丽．生计资本、生计指数与农户的生计策略——基于 CLDS 家户数据的实证分析［J］．农村经济，2018，430（8）：76－83.

［69］万广华，刘飞，章元．资产视角下的贫困脆弱性分解：基于中国农户面板数据的经验分析［J］．中国农村经济，2014，352（4）：4－19.

［70］万广华，张茵．收入增长与不平等对我国贫困的影响［J］．经济研究，2006（6）：112－123.

［71］万广华，张茵．中国沿海与内地贫困差异之解析：基于回归的分解方法［J］．经济研究，2008，43（12）：75－84.

［72］万广华，章元．我们能够在多大程度上准确预测贫困脆弱性？［J］．数量经济技术经济研究，2009，26（6）：138－148.

［73］万广华，章元，史清华．如何更准确地预测贫困脆弱性：基于中国农户面板数据的比较研究［J］．农业技术经济，2011，197（9）：13－23.

［74］王春超，叶琴．中国农民工多维贫困的演进——基于收入与教育维度的考察［J］．经济研究，2014，49（12）：159－174.

［75］王含，程倩春．心理扶贫：价值、困境及路径研究
［J］．探索，2019，207（3）：171 – 181.

［76］王文略．风险冲击与机会缺失对农户多维贫困的影响
研究［D］．咸阳：西北农林科技大学，2019.

［77］王小林，冯贺霞．2020 年后中国多维相对贫困标准：国
际经验与政策取向［J］．中国农村经济，2020，423（3）：2 – 21.

［78］温忠麟，刘红云．中介效应和调节效应：方法及应用
［M］．北京：教育科学出版社，2020.

［79］吴丽娟，罗淳．心理健康与进城农民工的多维贫困
［J］．华南农业大学学报（社会科学版），2021，20（1）：84 – 95.

［80］伍艳．生计资本视角下农户稳定脱贫的动态测度［J］.
华南农业大学学报（社会科学版），2020，19（2）：51 – 59.

［81］夏庆杰，宋丽娜，Appleton Simon. 中国城镇贫困的变
化趋势和模式：1988—2002［J］．经济研究，2007，473（9）：
96 – 111.

［82］谢治菊．心理扶贫论析［J］．贵州社会科学，2019，
359（11）：145 – 152.

［83］邢成举，李小云．相对贫困与新时代贫困治理机制的
构建［J］．改革，2019，310（12）：16 – 25.

［84］徐超，李林木．城乡低保是否有助于未来减贫——基
于贫困脆弱性的实证分析［J］．财贸经济，2017，38（5）：5 –
19，146.

［85］徐富明，黄龙. 贫困与心理健康的关系研究［J］. 中国临床心理学杂志，2020，28（2）：293-298.

［86］徐富明，张慧，马红宇，等. 贫困问题：基于心理学的视角［J］. 心理科学进展，2017，25（8）：1431-1440.

［87］徐戈，陆迁，姜雅莉. 社会资本、收入多样化与农户贫困脆弱性［J］. 中国人口·资源与环境，2019，29（2）：123-133.

［88］许汉泽. 新中国成立70年来反贫困的历史、经验与启示［J］. 中国农业大学学报（社会科学版），2019，36（5）：45-52.

［89］杨国涛，周慧洁，李芸霞. 贫困概念的内涵、演进与发展述评［J］. 宁夏大学学报（人文社会科学版），2012，34（6）：139-143.

［90］杨磊，戴优升. 家庭社会资本、学校环境会影响青少年心理健康吗？——基于CEPS数据的实证分析［J］. 中国青年研究，2019，275（1）：47-56.

［91］杨龙，李萌，卢海阳. 深度贫困地区农户多维贫困脆弱性与风险管理［J］. 华南师范大学学报（社会科学版），2019，242（6）：12-18，191.

［92］杨龙，汪三贵. 贫困地区农户脆弱性及其影响因素分析［J］. 中国人口·资源与环境，2015，25（10）：150-156.

［93］杨振山，王玉璇. 开发区流动人口生计资本测量及生

计空间特征分析——以广州南沙新区为例［J］．地理研究，
2018，37（11）：2153－2164.

［94］姚远，张顺．家庭地位、人际网络与青少年的心理健
康［J］．青年研究，2016，410（5）：29－37，95.

［95］余樱，景奉杰．享乐适应理论的发展及应用［J］．心
理科学进展，2016，24（10）：1663－1669.

［96］俞国良，董妍．我国心理健康研究的现状、热点与发
展趋势［J］．教育研究，2012，33（6）：97－102.

［97］翟彬，梁流涛．基于可持续生计的农村反贫困研究——
以甘肃省天水贫困地区为例［J］．农村经济，2015，391（5）：
55－60.

［98］张传洲．相对贫困的内涵、测度及其治理对策［J］．
西北民族大学学报（哲学社会科学版），2020，236（2）：112－
119.

［99］张栋浩，尹志超．金融普惠、风险应对与农村家庭贫
困脆弱性［J］．中国农村经济，2018，400（4）：54－73.

［100］张华泉，申云．家庭负债与农户家庭贫困脆弱性——
基于CHIP2013的经验证据［J］．西南民族大学学报（人文社会
科学版），2019，40（9）：131－140.

［101］张明皓，豆书龙．2020年后中国贫困性质的变化与贫
困治理转型［J］．改革，2020，317（7）：98－107.

［102］张琦，孔梅．跨越绝对贫困后的多维反贫困新目标

［N］．社会科学报，2019 - 01 - 31．

［103］张文宏，于宜民．社会网络、社会地位、社会信任对居民心理健康的影响［J］．福建师范大学学报（哲学社会科学版），2020，221（2）：100 - 111，170．

［104］张文宏，张君安．社会资本对老年心理健康的影响［J］．河北学刊，2020，40（1）：183 - 189．

［105］张秀敏，李为群，刘莹圆．社区老年人主观幸福感现状及影响因素分析［J］．人口学刊，2017，39（3）：88 - 96．

［106］张旭锐，高建中．生计资本视角下农户集体林地利用效率分析［J］．西北农林科技大学学报（社会科学版），2020，20（2）：129 - 137．

［107］张义．有关当前我国农民概念界定的几个问题［J］．农业经济问题，1994（8）：12 - 17．

［108］章元，万广华，史清华．暂时性贫困与慢性贫困的度量、分解和决定因素分析［J］．经济研究，2013，48（4）：119 - 129．

［109］赵雪雁．生计资本对农牧民生活满意度的影响——以甘南高原为例［J］．地理研究，2011，30（4）：687 - 698．

［110］周广肃，樊纲，申广军．收入差距、社会资本与健康水平——基于中国家庭追踪调查（CFPS）的实证分析［J］．管理世界，2014，250（7）：12 - 21，51，187．

［111］朱喜安，魏国栋．熵值法中无量纲化方法优良标准的

探讨 ［J］. 统计与决策，2015，422（2）：12 - 15.

［112］左停，李世雄. 2020 年后中国农村贫困的类型、表现与应对路径 ［J］. 南京农业大学学报（社会科学版），2020，20（4）：58 - 67.

［113］左停，杨雨鑫. 重塑贫困认知：主观贫困研究框架及其对当前中国反贫困的启示 ［J］. 贵州社会科学，2013（9）：43 - 49.

［114］左孝凡. 邻里效应对农民贫困脆弱性的影响 ［J］. 华南农业大学学报（社会科学版），2020，19（4）：31 - 44.

［115］Alem Y，Köhlin G，Stage J. The Persistence of Subjective Poverty in Urban Ethiopia ［J］. World Development，2014（56）：51 - 61.

［116］Alkire S，Foster J. Counting and Multidimensional Poverty Measurement ［J］. Journal of Public Economics，2011，95（7 - 8）：476 - 487.

［117］Bartel A，Taubman P. Some Economic and Demographic Consequences of Mental Illness ［J］. Journal of Labor Economics，1986，4（2）：243 - 256.

［118］Baumeister R F，Tice D M. Point-counterpoints：Anxiety and Social Exclusion ［J］. Journal of Social and Clinical Psychology，1990，9（2）：165 - 195.

［119］Bishop J A，Grodner A，Liu H，et al. Ahamdanech-

Zarco I. Subjective Poverty Equivalence Scales for Euro Zone Countries [J]. Journal of Economic Inequality, 2014, 12 (2): 265 – 278.

[120] Bishop J A, Luo F, Pan X. Economic Transition and Subjective Poverty in Urban China [J]. Review of Income and Wealth, 2006, 52 (4): 625 – 641.

[121] Bosch K V D, Callan T, Estivill J, et al. A Comparison of Poverty in Seven European Countries and Regions Using Subjective and Relative Measures [J]. Journal of Population Economics, 1993 (6): 235 – 259.

[122] Brown V. The Effects of Poverty Environments on Elders' Subjective Well-being: A Conceptual Model [J]. Gerontologist, 1995, 35 (4): 541 – 548.

[123] Buunk A P, Gibbons F X. Social Comparison: The End of a Theory and the Emergence of a Field [J]. Organizational Behavior and Human Decision Processes, 2007, 102 (1): 3 – 21.

[124] Calvo C. Vulnerability to Multidimensional Poverty: Peru, 1998 – 2002 [J]. World Development, 2008, 36 (6): 1011 – 1020.

[125] Carletto G, Zezza A. Being Poor, Feeling Poorer: Combining Objective and Subjective Measures of Welfare in Albania [J]. Journal of Development Studies, 2006, 42 (5): 739 – 760.

[126] Castilla C. Subjective Well-being and Reference-depend-

ence: Insights from Mexico [J]. Journal of Economic Inequality, 2012, 10 (2): 219 - 238.

[127] Chambers R, Conway G R. Sustainable Rural Livelihoods: Practical Concepts for the 21st Century [R]. Brighton: Institute of Development Studies, 1992.

[128] Chaudhuri S, Jalan J, Suryahadi A. Assessing Household Vulnerability to Poverty from Cross-sectional Data: A Methodology and Estimates from Indonesia [R]. New York: Department of Economics, Columbia University, 2002.

[129] Chen K M. Subjective Poverty, Deprivation, and the Subjective Well-being of Children and Young People: A Multilevel Growth Curve Analysis in Taiwan [J]. Children and Youth Services Review, 2020 (114): 1 - 11.

[130] Chen Y Y, Walker R, Hong L. Subjective Experiences of Older Adults in Poverty in Urban China and the Role of Social Policy [J]. Asia Pacific Journal of Social Work and Development, 2017, 28 (1): 1 - 14.

[131] Cho E Y N. Links between Poverty and Children's Subjective Well-being: Examining the Mediating and Moderating Role of Relationships [J]. Child Indicators Research, 2017, 11 (2): 585 - 607.

[132] Crettaz E, Suter C. The Impact of Adaptive Preferences

on Subjective Indicators: An Analysis of Poverty Indicators [J]. Social Indicators Research, 2013, 114 (1): 139 – 152.

[133] Das J, Do Q T, Friedman J, et al. Mental Health and Poverty in Developing Countries: Revisiting the Relationship [J]. Social Science and Medicine, 2007, 65 (3): 467 – 480.

[134] De Vos K, Garner T I. An Evaluation of Subjective Poverty Definitions: Comparing Results from the U. S. and the Netherlands [J]. Review of Income and Wealth, 1991, 37 (3): 267 – 285.

[135] Dercon S. Risk, Poverty and Vulnerability in Africa [J]. Journal of African Economies, 2005, 14 (4): 483 – 488.

[136] DFID. Sustainable Livelihoods Guidance Sheets [R]. Departement for International Development, 1999.

[137] Diener E, Biswas-Diener R. Will Money Increase Subjective Well-being [J]. Social Indicators Research, 2002 (57): 119 – 169.

[138] Diener E, Lucas R E, Scollon C N Beyond the Hedonic Treadmill: Revising the Adaptation Theory of Well-being [J]. American Psychologist, 2006, 61 (4): 305 – 314.

[139] Diener E, Sandvik E, Seidlitz L, et al. The Relationship between Income and Subjective Well-being: Relative or Absolute [J]. Social Indicators Research, 1993, 28 (3): 195 – 223.

[140] Ding J, Salinas-Jiménez J, Salinas-Jiménez M D M. The Impact of Income Inequality on Subjective Well-being [J]. Journal of Happiness Studies, 2021（22）：845 – 866.

[141] Easterlin R A. Does Economic Growth Improve the Human Lot? Some Empirical Evidence [A]. In David P A, Reder M W Eds. . Nations are Households in Economic Growth [C]. New York：Academic Press, 1974：89 – 125.

[142] Ferrer-i-Carbonell A D A, Van-Praag B M S. Poverty in Russia [J]. Journal of Happiness Studies, 2001（2）：147 – 172.

[143] Festinger L. A Theory of Social Comparison Processes [J]. Human Relations, 1954, 7（2）：117 – 140.

[144] Fitch C, Chaplin R, Trend C, et al. Debt and Mental Health：The Role of Psychiatrists [J]. Advances in Psychiatric Treatment, 2007, 13（3）：194 – 202.

[145] Flik R J, Van Praag B M S. Subective Poverty Line Definitions [J]. De Economist, 1991, 139（3）：311 – 330.

[146] Fuchs V R. Redefining Poverty and Redistributing Income [J]. Public Interest, 1967（8）：88 – 95.

[147] Gaiha R, Imai K. Measuring Vulnerability and Poverty：Estimates for Rural India [R]. Helsinki：United Nations Uiniversity World Institute for Development Economics Research, 2008.

[148] Gallardo M. Using the Downside Mean-semideviation for

Measuring Vulnerability to Poverty［J］. Economics Letters，2013，120（3）：416 –418.

［149］Gallardo M. Identifying Vulnerability to Poverty：A Critical Survey［J］. Journal of Economic Surveys，2018，32（4）：1074 –1105.

［150］Gallardo M. Measuring Vulnerability to Multidimensional Poverty［J］. Social Indicators Research，2020（148）：67 –103.

［151］Garner T I，De Vos K. Income Sufficiency v. Poverty：Results from the United States and The Netherlands［J］. Journal of Population Economics，1995，8（2）：117 –134.

［152］Gathergood J. Debt and depression：Causal Links and Social Norm Effects［J］. Economic Journal，2012，122（563）：1094 –1114.

［153］Gloede O，Menkhoff L，Waibel H. Shocks，Individual Risk Attitude，and Vulnerability to Poverty among Rural Households in Thailand and Vietnam［J］. World Development，2015（71）：54 –78.

［154］Goedhart T，Halberstadt V，Kapteyn A，et al. The Poverty Line：Concept and Measurement［J］. The Journal of Human Resources，1977，12（4）：503 –520.

［155］Guagnano G，Santarelli E，Santini I. Can Social Capital Affect Subjective Poverty in Europe？An Empirical Analysis based on a Generalized Ordered Logit Model [J]. Social Indicators Research, 2016, 128 (2): 881 –907.

[156] Gustafsson B, Shi L, Sato H. Can a Subjective Poverty Line be Applied to China? Assessing Poverty among Urban Residents in 1999 [J]. Journal of International Development, 2004, 16 (8): 1089 –1107.

[157] Hatcher S. Debt and Deliberate Self-poisoning [J]. British Journal of Psychiatry, 1994 (164): 111 –114.

[158] Haughton J, Khandker S R. Handbook on Poverty and Inequality [M]. Washington D C: World Bank, 2009.

[159] Haushofer J, Fehr E. On the Psychology of Poverty [J]. Science, 2014, 344 (6186): 862 –867.

[160] Hulme D, Shepherd A. Conceptualizing Chronic Poverty [J]. World Development, 2003, 31 (3): 403 –423.

[161] Imai K, Keele L, Tingley D. A General Approach to Causal Mediation Analysis [J]. Psychological Methods, 2010, 15 (4): 309 –334.

[162] Imai K S, Gaiha R, Thapa G. Does Non-farm Sector Employment Reduce Rural Poverty and Vulnerability? Evidence from Vietnam and India [J]. Journal of Asian Economics, 2015 (36): 47 –61.

[163] Jalan J, Ravallion M. Is Transient Poverty Different? Evi-

dence for Rural China [J]. Journal of Development Studies, 2000, 36 (6): 82 –99.

[164] Kapteyn A. The Measurement of Household Cost Functions Revealed Preference versus Subjective Measures [J]. Journal of Population Economics, 1994 (7): 333 –350.

[165] Kapteyn A, Kooreman P, Willemse R. Some Methodological Issues in the Implementation of Subjective Poverty Definitions [J]. The Journal of Human Resources, 1988, 23 (2): 222 –242.

[166] Kingdon G G, Knight J J. Subjective Well-being Poverty vs. Income Poverty and Capabilities Poverty [J]. Journal of Development Studies, 2006, 42 (7): 1199 –1224.

[167] Kleinman A, Hall-Clifford R. Stigma: A Social, Cultural and Moral Process [J]. Journal of Epidemiology and Community Health, 2009, 63 (6): 418 –419.

[168] Koczan Z. Being Poor, Feeling Poorer: Inequality, Poverty and Poverty Perceptions in the Western Balkans [R]. Washington, D C: International Monetary Fund, 2016.

[169] Ludwig J, Duncan G J, Gennetian L A, et al. Neighborhood Effects on the Long-term Well-being of Low-income Adults [J]. Science, 2012, 337 (9): 1505 –1510.

[170] Mahmood T, Yu X, Klasen S. Do the Poor Really Feel Poor? Comparing Objective Poverty with Subjective Poverty in Paki-

stan [J]. Social Indicators Research, 2019, 142 (2): 543 –580.

[171] Main G. Child Poverty and Children's Subjective Well-being [J]. Child Indicators Research, 2014, 7 (3): 451 –472.

[172] Main G. Child Poverty and Subjective Well-being: The Impact of Children's Perceptions of Fairness and Involvement in Intra-household Sharing [J]. Children and Youth Services Review, 2019 (97): 49 –58.

[173] Martínez D M, Maia A G. The Impacts of Cash Transfers on Subjective Wellbeing and Poverty: The Case of Colombia [J]. Journal of Family and Economic Issues, 2018, 39 (4): 616 –633.

[174] Michalos A C. Multiple Discrepancies Theory (MDT) [J]. Social Indicators Research, 1985, 16 (4): 347 –413.

[175] Morrison P S. Local Expressions of Subjective Well-being: The New Zealand Experience [J]. Regional Studies, 2011, 45 (8): 1039 – 1058.

[176] Moser C O N. The Asset Vulnerability Framework: Reassessing Urban Poverty Reduction Strategies [J]. World Development, 1998, 26 (1): 1 –19.

[177] Mussa R. Impact of Fertility on Objective and Subjective Poverty in Malawi [J]. Development Studies Research, 2014, 1 (1): 202 –222.

[178] Nasri K, Belhadj B. Measuring Vulnerability to Multidi-

mensional Poverty in Tunisia: Dual Cut-off Method and Fizzy Sets Approach [R]. Giza: Economic Research Forum, 2018.

[179] Naudé W, Santos-Paulino A U, McGillivray M. Measuring Vulnerability: An Overview and Introduction [J]. Oxford Development Studies, 2009, 37 (3): 183 – 191.

[180] Neff D F. Subjective Well-being, Poverty and Ethnicity in South Africa: Insights from an Exploratory Analysis [J]. Social Indicators Research, 2007, 80 (2): 313 – 341.

[181] OECD. The DAC Guidelines: Poverty Reduction [R]. France: Organisation for Economic Cooperation and Development, 2001.

[182] Oxford Poverty and Human Development Initiative (OPHI). Global Multidimensional Poverty Index 2018: The Most Detailed Picture to Date of the World's Poorest People [M]. UK: University of Oxford, 2018.

[183] Lever J P. Poverty and Subjective Well-being in Mexico [J]. Social Indicators Research, 2004 (68): 1 – 33.

[184] Lever J P, Piñol N L, Uralde J H. Poverty, Psychological Resources and Subjective Well-being [J]. Social Indicators Research, 2005, 73 (3): 375 – 408.

[185] Pearlin L I. The Sociological Study of Stress [J]. Journal of Health and Social Behavior, 1989, 30 (3): 241 – 256.

［186］Pearlin L I. The Stress Process Revisited: Reflections on Concepts and Their Interrelationships ［A］. In Aneshensel C S, Phelan J C Eds. . Handbook of Sociology and Social Research ［C］. Handbook of Sociology of Mental Health, 1999: 395 – 415.

［187］Pearlin L I, Menaghan E G, Lieberman M A, et al. The Stress Process ［J］. Journal of Health and Social Behavior, 1981, 22 (4): 337 – 356.

［188］Perez-Truglia R. The Effects of Income Transparency on Well-being: Evidence from a Natural Experiment ［J］. The Economic Journal, 2020, 110 (4): 1019 – 1054.

［189］Ployhart R E, Bliese P D. Individual Adaptability (I-A-DAPT) Theory: Conceptualizing the Antecedents, Consequences, and Measurement of Individual Differences in Adaptability ［J］. Advances in Human Performance and Cognitive Engineering Research, 2006, 6 (5): 3 – 39.

［190］Pradhan M, Ravallion M. Measuring Poverty Using Qualitative Perceptions of Consumption Adequacy ［J］. Development, 2000, 82 (8): 462 – 471.

［191］Reading R, Reynolds S. Debt, Social Disadvantage and Maternal Depression ［J］. Social Science and Medicine, 2001, 53 (4): 441 – 453.

［192］Ren H, Folmer H. Determinants of Residential Satisfac-

tion in Urban China: A Multi-group Structural Equation Analysis [J].
Urban Studies, 2017, 54 (6): 1407 – 1425.

[193] Ren H, Yuan N, Hu H. Housing Quality and Its Deter-
minants in Rural China: A Structural Equation Model Analysis [J].
Journal of Housing and the Built Environment, 2018, 34 (1): 313 –
329.

[194] Rodriguez-Alvarez A, Orea L, Jamasb T. Fuel Poverty
and Well-being: A Consumer Theory and Stochastic Frontier Ap-
proach [J]. Energy Policy, 2019, 131 (1): 22 – 32.

[195] Laderchi C R, Saith R, Stewart F. Does It Matter That
We Do Not Agree on the Definition of Poverty? A Comparison of Four
Approaches [J]. Oxford Development Studies, 2003, 31 (3):
243 – 274.

[196] Schimmel J. Development as Happiness: The Subjective
Perception of Happiness and UNDP's Analysis of Poverty, Wealth and
Development [J]. Journal of Happiness Studies, 2009, 10 (1):
93 – 111.

[197] Schnepf S V. Gender Differences in Subjective Well-being
in Central and Eastern Europe [J]. Journal of European Social Poli-
cy, 2010, 20 (1): 74 – 85.

[198] Serrat O. The Sustainable Livelihoods Approach [J].
Knowledge Solutions, 2017 (9): 21 – 26.

[199] Sen A K. Capability and Well-being [A]. In: Nussbaum M C, Sen A K Eds. . The Quality of Life [C]. Oxford, Clarendon Press, 1993: 30 – 53.

[200] Shams K. Determinants of Subjective Well-being and Poverty in Rural Pakistan: A Micro-level Study [J]. Social Indicators Research, 2014, 119 (3): 1755 – 1773.

[201] Simona-Moussa J. The Subjective Well-being of Those Vulnerable to Poverty in Switzerland [J]. Journal of Happiness Studies, 2020 (21): 1561 – 1580.

[202] Stevenson B, Wolfers J. Subjective Well-being and Income: Is There Any Evidence of Satiation [J]. American Economic Review, 2013, 103 (3): 598 – 604.

[203] Su Y, Zahra S A, Li R, et al. Trust, Poverty, and Subjective Wellbeing among Chinese Entrepreneurs [J]. Entrepreneurship & Regional Development, 2019 (32): 1 – 25.

[204] Taylor S E, Wood J V, Lichtman R R. It Could Be Worse: Selective Evaluation as a Response to Victimization [J]. Journal of Social Issues, 1983, 39 (2): 19 – 40.

[205] Twenge J M, Baumeister R F, Tice D M, et al. If You Can't Join Them, Beat Them: Effects of Social Exclusion on Aggressive Behavior [J]. Journal of Personality and Social Psychology, 2001, 81 (6): 1058 – 1069.

[206] Twenge J M, Ciarocco N J, Baumeister R F, et al. Social Exclusion Decreases Prosocial Behavior [J]. Journal of Personality and Social Psychology, 2007, 92 (1): 56 – 66.

[207] Van Praag B. The Welfare Function of Income in Belgium: An Empirical Investigation [J]. European Economic Review, 1971, 2 (3): 337 – 369.

[208] Van Praag B M S, Ferrer-i-Carbonell A. A Multidimensional Approach to Subjective Poverty [A]. In Kakwani N, Silber J eds.. Quantitative Approaches to Multidimensional Poverty Measurement [C]. Palgrave Macmillan, 2008: 135 – 154.

[209] Wadsworth M E, Raviv T, Reinhard C, et al. An Indirect Effects Model of The Association between Poverty and Child Functioning: The Role of Children's Poverty-Related Stress [J]. Journal of Loss and Trauma, 2008, 13 (2 – 3): 156 – 185.

[210] Wagle U R. Poverty in Kathmandu: What Do Subjective and Objective Economic Welfare Concepts Suggest [J]. Journal of Economic Inequality, 2007 (5): 73 – 95.

[211] Wang H, Zhao Q, Bai Y, et al. Poverty and Subjective Poverty in Rural China [J]. Social Indicators Research, 2020, 150 (1): 219 – 242.

[212] Wang L, Lin W. Wording Effects and the Dimensionality of the General Health Questionnaire (ghq-12) [J]. Personality and

Individual Differences, 2011, 50 (7): 1056 – 1061.

［213］ Wang X, Shang X, Xu L. Subjective Well-being Poverty of the Elderly Population in China ［J］. Social Policy and Administration, 2011, 45 (6): 714 – 731.

［214］ Wills T A. Downward Comparison Principles in Social Psychology ［J］. Psychological Bulletin, 1981, 90 (2): 245 – 271.

［215］ World Bank. The World Bank Annual Report 2018 ［R］. Washington D C: World Bank Group, 2018.

［216］ World Bank. World Development Report 2000/2001: Attacking Poverty ［M］. New York: Oxford University Press, 2001.

附录 A　OPHI 多维贫困指标体系

附表 A-1　　牛津贫困与人类发展组织的多维贫困指标体系

DIMENSIONS OF POVERTY	INDICATOR	DEPRIVED 1F...	WEIGHT
Health	Nutrition	Any person under 70 years of age for whom there is nutritional information is undernourished	1/6
	Child mortality	Any child has died in the family in the five-year period preceding the survey	1/6
Education	Years of schooling	No household member aged 10 years or older has completed six years of schooling	1/6
	School attendance	Any school-aged child⁺ is not attending school up to the age at which he/she would complete class 8	1/6
Living Standards	Cooking fuel	A household cooks with dung, agricultural crop, shrubs, wood, charcoal or coal	1/18
	Sanitation	The household's sanitation facility is not improved (according to SDG guidelines) or it is improved but shared with other households	1/18
	Drinking waters	The household does not have access to improved drinking water (according to SDG guidelines) or safe drinking water is at least a 30-minute walk from home, roundtrip	1/18
	Electricity	The household has no electricity	1/18

DIMENSIONS OF POVERTY	INDICATOR	DEPRIVED 1F...	WEIGHT
Living Standards	Housing	The household has inadequate housing: The floor is of natural materials or the roof or walls are of rudimentary materials	1/18
	Assets	The household does not own more than one of these assets: Radio, TV, telephone, computer, animal cart, bicycle, motorbike, or refrigerator, and does not own a car or truck	1/18

附录 B 我国儿童（青少年）营养不良标准

附表 B-1 0~5 岁女孩/男孩的年龄体重 Z 评分 单位：千克

年龄	男孩/Z 评分		女孩/Z 评分	
	-3	-2	-3	-2
0	2.1	2.5	2.0	2.4
1 个月	2.9	3.4	2.7	3.2
2 个月	3.8	4.3	3.4	3.9
3 个月	4.4	5.0	4.0	4.5
4 个月	4.9	5.6	44	5.0
5 个月	5.3	6.0	4.8	5.4
6 个月	5.7	6.4	5.1	5.7
7 个月	5.9	6.7	5.3	6.0
8 个月	6.2	6.9	5.6	6.3
9 个月	6.4	7.1	5.8	6.5
10 个月	6.6	7.4	5.9	6.7
11 个月	6.8	7.6	6.1	6.9
12 个月（满 1 岁）	6.9	7.7	6.3	7.0
24 个月（满 2 岁）	8.6	9.7	8.1	9.0
36 个月（满 3 岁）	10.0	11.3	9.6	10.8
48 个月（满 4 岁）	11.2	12.7	10.9	12.3
<60 个月（未满 5 岁）	12.4	14.1	12.1	13.7

附表 B-2　　　0~5 岁男孩/女孩分年龄身高 Z 评分　　　单位：厘米

年龄	女孩/Z 评分		男孩/Z 评分	
	-3	-2	-3	-2
0	43.6	45.4	44.2	46.1
1 个月	47.8	49.8	48.9	50.8
2 个月	51.0	53.0	52.4	54.4
3 个月	53.5	55.6	55.3	57.3
4 个月	55.6	57.8	57.6	59.7
5 个月	57.4	59.6	59.6	61.7
6 个月	58.9	61.2	61.2	63.3
7 个月	60.3	62.7	62.7	64.8
8 个月	61.7	64.0	64.0	66.2
9 个月	62.9	65.3	65.2	67.5
10 个月	64.1	66.5	66.4	68.7
11 个月	65.2	67.7	67.6	69.9
12 个月（满 1 岁）	66.3	68.9	68.6	71.0
24 个月（满 2 岁）	76.0	79.3	78.0	81.0
36 个月（满 3 岁）	83.6	87.4	85.0	88.7
48 个月（满 4 岁）	89.8	94.1	90.7	94.9
<60 个月（未满 5 岁）	95.2	99.9	96.1	100.7

附表 B-3　　6~18 岁男/女学龄儿童（青少年）分年龄 BMI

单位：千克/平方米

年龄	男生		女生	
	中重度消瘦	轻度消瘦	中重度消瘦	轻度消瘦
6 岁	≤13.4	13.5~13.8	≤12.9	13.0~13.3
7 岁	≤13.5	13.6~13.9	≤13.0	13.1~13.5
8 岁	≤13.6	13.7~14.0	≤13.1	13.2~13.7
9 岁	≤13.8	13.9~14.2	≤13.2	13.3~13.9

续表

年龄	男生		女生	
	中重度消瘦	轻度消瘦	中重度消瘦	轻度消瘦
10 岁	≤14.0	14.1～14.6	≤13.4	13.5～14.1
11 岁	≤14.3	14.4～15.1	≤13.9	14.0～14.5
12 岁	≤14.5	14.6～15.6	≤14.3	14.4～14.9
13 岁	≤15.0	15.1～16.1	≤14.9	15.0～15.6
14 岁	≤15.5	15.6～16.7	≤15.7	15.8～16.3
15 岁	≤16.0	16.1～17.0	≤16.2	16.3～16.8
16 岁	≤16.4	16.5～17.5	≤16.5	16.6～17.1
17 岁	≤16.8	16.9～17.9	≤16.7	16.8～17.3
18 岁		<18.5		<18.5

附录 C 各福利维度 ROC 曲线
脆弱性阈值

附表 C-1 2010 年各福利维度 ROC 曲线脆弱性阈值

指标	Probit 模型估计	Logit 模型估计
家庭人均纯收入	0.220（0.645，0.667），AUC = 0.715	0.210（0.627，0.685），AUC = 0.715
成人平均教育	0.759（0.819，0.781），AUC = 0.876	0.763（0.814，0.787），AUC = 0.875
适龄儿童辍学	0.048（0.695，0.722），AUC = 0.784	0.043（0.671，0.738），AUC = 0.782
成人自评健康	0.251（0.901，0.565），AUC = 0.789	0.248（0.899，0.567），AUC = 0.789
儿童营养不良	0.203（0.681，0.829），AUC = 0.828	0.233（0.731，0.780），AUC = 0.828
医疗保险	0.168（0.527，0.919），AUC = 0.781	0.181（0.561，0.884），AUC = 0.780
家庭做饭用水	0.505（0.542，0.735），AUC = 0.680	0.505（0.543，0.734），AUC = 0.680
家庭做饭燃料	0.648（0.723，0.650），AUC = 0.750	0.654（0.724，0.650），AUC = 0.750
家庭用电	0.009（0.826，0.456），AUC = 0.670	0.012（0.913，0.356），AUC = 0.667

续表

指标	Probit 模型估计	Logit 模型估计
家庭资产	0. 281（0. 710，0. 564），AUC = 0. 680	0. 277（0. 707，0. 568），AUC = 0. 680
家庭住房	0. 090（0. 745，0. 588），AUC = 0. 715	0. 080（0. 702，0. 630），AUC = 0. 713

附表 C - 2　　**2012 年各福利维度 ROC 曲线脆弱性阈值**

指标	Probit 模型估计	Logit 模型估计
家庭人均纯收入	0. 178（0. 647，0. 693），AUC = 0. 730	0. 191（0. 695，0. 646），AUC = 0. 730
成人平均教育	0. 644（0. 764，0. 759），AUC = 0. 841	0. 658（0. 769，0. 755），AUC = 0. 841
适龄儿童辍学	0. 024（0. 771，0. 690），AUC = 0. 811	0. 023（0. 782，0. 669），AUC = 0. 809
成人自评健康	0. 283（0. 598，0. 614），AUC = 0. 644	0. 283（0. 600，0. 610），AUC = 0. 644
儿童营养不良	0. 192（0. 719，0. 802），AUC = 0. 835	0. 190（0. 723，0. 797），AUC = 0. 834
医疗保险	0. 352（0. 551，0. 771），AUC = 0. 707	0. 350（0. 549，0. 774），AUC = 0. 707
家庭做饭用水	0. 483（0. 525，0. 661），AUC = 0. 627	0. 483（0. 525，0. 661），AUC = 0. 627
家庭做饭燃料	0. 489（0. 592，0. 704），AUC = 0. 698	0. 488（0. 591，0. 705），AUC = 0. 698
家庭用电	0. 004（0. 792，0. 745），AUC = 0. 816	0. 004（0. 801，0. 745），AUC = 0. 812
家庭资产	0. 265（0. 707，0. 573），AUC = 0. 688	0. 253（0. 684，0. 595），AUC = 0. 688
家庭住房	0. 149（0. 627，0. 556），AUC = 0. 625	0. 150（0. 639，0. 543），AUC = 0. 625

附表 C−3　**2014 年各福利维度 ROC 曲线脆弱性阈值**

指标	Probit 模型估计	Logit 模型估计
家庭人均纯收入	0.189（0.642，0.693），AUC = 0.724	0.191（0.658，0.677），AUC = 0.724
成人平均教育	0.597（0.595，0.750），AUC = 0.732	0.599（0.594，0.752），AUC = 0.732
适龄儿童辍学	0.018（0.709，0.707），AUC = 0.775	0.022（0.775，0.640），AUC = 0.772
成人自评健康	0.252（0.589，0.654），AUC = 0.662	0.232（0.519，0.722），AUC = 0.662
儿童营养不良	0.170（0.714，0.812），AUC = 0.840	0.155（0.696，0.829），AUC = 0.839
医疗保险	0.298（0.587，0.694），AUC = 0.693	0.283（0.550，0.729），AUC = 0.693
家庭做饭用水	0.405（0.501，0.661），AUC = 0.614	0.392（0.462，0.701），AUC = 0.614
家庭做饭燃料	0.418（0.557，0.774），AUC = 0.722	0.416（0.556，0.775），AUC = 0.722
家庭用电	0.001（0.549，0.917），AUC = 0.768	0.001（0.530，0.917），AUC = 0.761
家庭资产	0.283（0.700，0.581），AUC = 0.682	0.284（0.710，0.572），AUC = 0.683
家庭住房	0.154（0.550，0.610），AUC = 0.608	0.150（0.525，0.635），AUC = 0.608

附表 C−4　**2016 年各福利维度 ROC 曲线脆弱性阈值**

指标	Probit 模型估计	Logit 模型估计
家庭人均纯收入	0.082（0.641，0.755），AUC = 0.761	0.079（0.640，0.756），AUC = 0.761
成人平均教育	0.660（0.774，0.793），AUC = 0.864	0.669（0.774，0.793），AUC = 0.864

指标	Probit 模型估计	Logit 模型估计
适龄儿童辍学	0.011（0.681，0.744），AUC = 0.796	0.010（0.665，0.762），AUC = 0.794
成人自评健康	0.245（0.535，0.726），AUC = 0.673	0.251（0.559，0.700），AUC = 0.673
儿童营养不良	0.155（0.693，0.818），AUC = 0.826	0.149（0.688，0.822），AUC = 0.825
医疗保险	0.216（0.558，0.615），AUC = 0.622	0.219（0.585，0.588），AUC = 0.622
家庭做饭用水	0.331（0.530，0.645），AUC = 0.619	0.330（0.529，0.645），AUC = 0.619
家庭做饭燃料	0.438（0.686，0.657），AUC = 0.732	0.442（0.692，0.650），AUC = 0.732
家庭用电	0.029（0.884，0.754），AUC = 0.874	0.036（0.917，0.743），AUC = 0.880
家庭资产	0.263（0.652，0.617），AUC = 0.680	0.279（0.709，0.560），AUC = 0.680
家庭住房	0.051（0.692，0.687），AUC = 0.762	0.050（0.700，0.678），AUC = 0.761